SERVICE DE
L'EVANGELISATION
INTERNATIONALE

Dr. RAHA MUGISHO
WISDOM

[LA VERITE TRIOMPHERA]

Nous sommes appelés à sonder nos cœurs et admettre que nous avons besoin de Dieu dans notre vie pour gagner le combat spirituel quotidien. Bienaimés souffrez un peu pour terminer cet ouvrage pour votre édification. Mon souhait est que vous soyez très éclairés et avertis des dangers imminents qui peuvent vous éloigner de Dieu. Vous allez découvrir que dans le chapitre de la louange et l'adoration, j'ai utilisé les mots hébreux pour l'ancien testament et le grec pour le nouveau, juste pour avoir une bonne compréhension de l'original. Votre frère le Docteur RAHA MUGISHO vous invite dans les pages de sagesse et de connaissance d'en haut. Vous méritez toutes les bénédictions divines vous qui lisez ce livre. Pour tout contact, adressez vous au csolidarity@yahoo.fr

La Verite Triomphera

LA SAGESSE ET LA CONNAISSANCE D'EN HAUT

Dr. Raha Mugisho

PATRIARCHE DE LA FOI

ISBN: 978-1-4269-3331-8 (sc)
ISBN: 978-1-4269-3332-5 (e)

Chez Trafford nous croyons que nous sommes tous responsables de faire des choix sociaux et pour la préservation de l'environnement. Par conséquent, chaque fois que vous commandez un livre chez Trafford ou utilisez nos services d'édition, vous contribuez à cette conduite responsable. Pour en apprendre plus sur votre contribution, veuillez visiter www.trafford.com/responsiblepublishing.html

Notre mission est de fournir le service d'édition le plus complet et de permettre à nos auteurs d'avoir du succès. Pour découvrir comment publier votre livre à votre façon, veillez visiter notre site web à www.trafford.com

Trafford rev. 11/05/2010

www.trafford.com

Amérique du Nord & International
sans frais: 1 888 232 4444 (États-Unis et Canada)
téléphone: 250 383 6864 ◆ télécopieur: 812 335 4082
courriel: info@trafford.com

TABLE DES MATIERES

DEDICACE 5

INTRODUCTION 7

LA PRIERE 16

LE BAPTEME DU SAINT ESPRIT 22

FAVEUR OU GRACE SPECIALE 25

L'ORIGINE ET L'IMPACTE DU SANG 31

LES SOUFFRANCES 41

AFFLIGES MAIS SOULAGES PAR DIEU 45

LE MINISTERE 49

LE SUCCES 58

LA VICTOIRE ET L'EXISTENTIALISME 60

EXISTENTIALISME 63

LES OFFRANDES, LES SACRIFICES 66

FINANCE DANS L'ŒUVRE DE DIEU 68

GERER 70

GAGNER 72

DEPENSER 83

PARTAGER 87

TROIS DIMENSIONS DANS LA CREATION DIVINE 90

VOICI COMMENT AU CIEL JESUS-CHRIST
    EST ADORE SANS COMPLAISANCE 97

LOUANGE ET ADORATION 106

DIFFERENCE ENTRE ADORATION ET LOUANGE 109

DEFINITION DE ĽA DORATION ET LA LOUANGE 110

QUI EST DIEU ? 121

JESUS-CHRIST EST LE CENTRE
    DE NOTRE ADORATION 124

JESUS-CHRIST EST DIGNE DE NOTRE ADORATION 131

JESUS EST VENU POUR NOUS REVELER LE PERE 134

ADORER AVEC UN CŒUR RECONNAISSANT 135

COMMENT EXPRIMER SA LOUANGE 144

COMMENT DIRIGER LA LOUANGE ET ĽADORATION 148

DIRIGER ĽADORATION EST UN MINISTÈRE SPÉCIAL 149

LA LOUANGE IMPOSE LE SILENCE À ĽENNEMI 154

LA VERITABLE ADORATION EST
    UN COMBAT SPIRITUEL 156

ĽIDEE ORIGINALE DE LA MUSIQUE 159

LA JOIE DU SALUT 162

LA PUISSANCE DE ĽEVANGILE 168

LA VOLONTE DE DIEU EST LE NUMERO UN. 173

LES QUALITES ĎUN BON CONDUCTEUR 178

LE TROUPEAU APPARTIENT A DIEU 205

LA VERITE TRIOMPHERA

www.rhemasei.ning.com

ww.csolidarity.multiply.com

LA SAGESSE ET LA CONNAISSANCE ĎEN HAUT

S i vous cherchez réellement les réponses fondamentales de la création et du salut ; vous êtes arrivés dans une source qui est sûre et vous serez satisfaits.

Par votre humble Serviteur

RAHA MUGISHO Doctor of ministry; Christian Counseling Psychology

Freedom Bible College and Seminary, Roger, Arkansas, USA

DEDICACE

Ce livre est dédié à toute ma descendance, à mes petits frères et cousins et neveux, à mes bienaimés, HENRIETTE ET THEO NYAMUHINDU, HONORABLE KINJA MWENDANGA, MUPENDA JEAN-PIERRE, BRIGITTE KALENGA ET MARIANA BITONDO et à tous mes enfants spirituels. La vie est un ingrédient très précieux qui tire ses origines dans une autre vie, celle qui émane de Dieu Lui-même. Si nous sommes ce que nous sommes, c'est par son amour et par sa volonté. Aimer Dieu et lui obéir est un cadeau incomparable que vous aurez le privilège de vous offrir. Le sage dira que vous êtes de lors béni ainsi que les fruits de vos entrailles. Les jours s'envolent comme de la vapeur et la gloire de l'homme s'éteint comme si elle ne fut existée, mais ceux qui s'adonnent à ces vérités exprimées dans ma bouche à cette génération, verront le Roi des rois et Le Seigneur des Seigneurs. A vous, mes bienaimés, je dédie cet ouvrage.

En dehors de ces écrits vous ne pouvez rien gagner sur cette terre.

Les gens très puissants sont partis sans apporter aucun matériel dans le pays du silence. Mais ceux qui ont marché avec intégrité craignant Dieu, ils vivent bien qúils soient décédés. Nous sommes bénis lorsque nous citons les exemples d'Abraham, Isaac, Jacob et de tous les apôtres de Jésus Christ. Ils avaient choisi un chemin de sainteté, une voix d'obéissance. Ils voyaient des choses que le monde ne voyait pas et ils disaient toujours ; « Que la volonté de Dieu soit faite ».

Dieu ne fait acception à personne, tout celui qui acceptera Jésus comme son Seigneur et Sauveur et qui marchera selon sa volonté est un homme béni.

Bienaimés, votre bénédiction dépendra de l'application complète des enseignements que Le St Esprit a mis dans ma bouche pour sanctifier son église. Méfiez-vous de la plaie m'infligée par l'ennemi, Dieu seul m'a justifié.

INTRODUCTION

Le signe du salut ne réside pas dans le seul fait de prêcher ou d'enseigner ; il se manifeste essentiellement en pratiquant les vérités bibliques. Outre, tout enseignement qui n'a pas de racines bibliques détruit, et est objet de confusion. Jacques 1 :22-23 2Pi 1 :21

Ces derniers jours, beaucoup de ministres qui démontrent certaines puissances surnaturelles, arrivent à séduire un bon nombre de gents parce qúils acceptent facilement leurs enseignements sans faire référence à la bible. Ne doutez pas, tout enseignement qui n'a pas de base biblique est à éviter. Il faut savoir que tout miracle ne vient pas nécessairement de Dieu. Moïse l'avait expérimenté devant Pharaon lorsque ses magiciens reproduisaient des miracles jusqúà un certain niveau. Exode 7 :10-13 Psaumes 50 : 16-22

Souvent nous nous plaisons à faire des relations de grandes envergures avec les ennemis de Dieu ; ceci est une grande porte de permettre au diable d'intégrer dans notre vie, étant donné que Dieu est rejeté de cette façon. Il est évident que ceux qui sont dans cet état partagent les mêmes conséquences avec ces rebelles. 2Cor 6 : 14-18 Nous mêmes nous ne pouvons pas tolérer notre ami intime pactiser avec ceux qui nous haïssent. Il est inacceptable que votre préféré ami passe beaucoup de temps avec les gents qui vous maudissent. Ceux qui détestent votre père ne seront jamais vos vrais amis, ils sont des hypocrites ; ne croyez pas que vous êtes très spécial. Vous, d'une façon ou d'une autre vous portez les marques de vos parents.

DIEU N'AIME PAS LE DESORDRE, et ne le supportera jamais.1Cor14 :40

BISHOP KULOLA ET RAHA A MWANZA TZ

Etant dans le ministère apostolique pendant beaucoup d'années j'ai le devoir de donner les conseils à tous qui embrassent la voie de Dieu. Nous devons éviter la corruption de ce monde qui est causée par la convoitise. La bible nous dit qúil est impossible d'être agréable à Dieu sans la foi. Dans les écritures de l'apôtre Pierre, d'autres compléments ont été annoncés et il insiste que nous devons nous efforcer de les ajouter à la foi pour être participants de la nature divine.

2Pi, 1 :1-12
1. Simon Pierre, serviteur et apôtre de Jésus Christ, à ceux qui ont reçu en partage une foi du même prix que la nôtre, par la justice de notre Dieu et du Sauveur Jésus Christ:

2. que la grâce et la paix vous soient multipliées par la connaissance de Dieu et de Jésus notre Seigneur!

3. Comme sa divine puissance nous a donné tout ce qui contribue à la vie et à la piété, au moyen de la connaissance de celui qui nous a appelés par sa propre gloire et par sa vertu,

4. lesquelles nous assurent de sa part les plus grandes et les plus précieuses promesses, afin que par elles vous deveniez participants de la nature divine, en fuyant la corruption qui existe dans le monde par la convoitise,

5. à cause de cela même, faites tous vos efforts pour joindre à votre foi la vertu, à la vertu la science,

6. à la science la tempérance, à la tempérance la patience, à la patience la piété,

7. à la piété l'amour fraternel, à l'amour fraternel la charité.

8. Car si ces choses sont en vous, et y sont avec abondance, elles ne vous laisseront point oisifs ni stériles pour la connaissance de notre Seigneur Jésus Christ.

9. Mais celui en qui ces choses ne sont point est aveugle, il ne voit pas de loin, et il a mis en oubli la purification de ses anciens péchés.

10. C'est pourquoi, frères, appliquez-vous d'autant plus à affermir votre vocation et votre élection; car, en faisant cela, vous ne broncherez jamais.

11. C'est ainsi, en effet, que l'entrée dans le royaume éternel de notre Seigneur et Sauveur Jésus Christ vous sera pleinement accordée.

12. Voilà pourquoi je prendrai soin de vous rappeler ces choses, bien que vous les sachiez et que vous soyez affermis dans la vérité présente.

13. Et je regarde comme un devoir, aussi longtemps que je suis dans cette tente, de vous tenir en éveil par des avertissements,

14. car je sais que je la quitterai subitement, ainsi que notre Seigneur Jésus Christ me l'a fait connaître.

15. Mais j'aurai soin qúaprès mon départ vous puissiez toujours vous souvenir de ces choses.

Il est très bien de chercher la face de Dieu ayant la foi, il est aussi bien de pouvoir prêcher avec la puissance de Dieu, tout ceci est utile. Mais il faut y ajouter la vertu, la science (connaissance), la tempérance, la patience, la piété, l'amour fraternel et la charité.

En méditant sur ces compléments je constate que de fois nous prenons cette foi pour nous faire passer pour des êtres égoïstes, tout en oubliant que nous devons nous garder de tout désordre spirituel. Par la vertu nous serons en mesure de faire les biens à tous sans attendre l'intérêt. La vertu nous fera échapper de l'amour par intérêt. La connaissance nous permettra de discerner ce qui est agréable à Dieu. La tempérance fera pour nous un esprit de contrôle pour que nous ne soyons pas un objet de chute pour les autres et pour nous-mêmes. La patience nous donnera un esprit paisible malgré les situations dures que nous connaissons. L'attente également de la réalisation des promesses de Dieu se fera par la patience. La piété nous différenciera de ce monde corrompu par la convoitise et d'avoir un caractère exemplaire pour un enfant de Dieu. Bienaimés nous devons confirmer ces éléments dans beaucoup de domaines. Dans la manière de nous habiller, de parler, et de nous comporter.

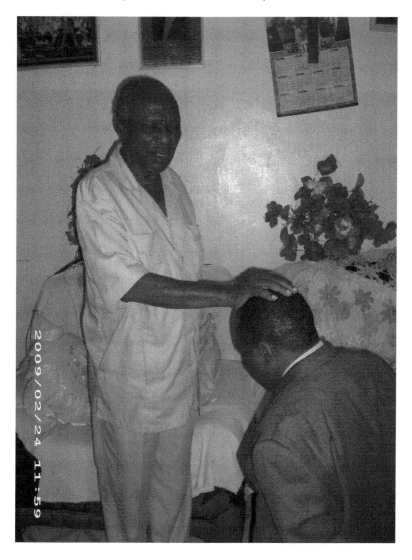

PRIERE DE BISHOP KULOLA A RAHA

La piété est visible et ne se cache pas. Souvent je suis scandalisé de voir certaines femmes télé évangélistes qui s'habillent des habits séduisants. Les choristes qui portent du n'importe quoi. Les enfants de Dieu doivent éduquer ce monde en fuyant la volupté. Tout qui aspire au manque du respect des valeurs sociales est à éviter. Pourquoi avoir la coiffe comme un magicien ? Pourquoi les hommes se transformer en femmes et les femmes en hommes. Tout ceci c'est le manque de la piété. Jugez vous-mêmes et restez dans la forme pieuse et sainte. L'amour fraternel conduira à la considération de tous les frères sans tenir compte des différences sociales. J'aime mon frère non pas parce qúil est de ma colline mais parce que nous sommes unis dans le sang de Jésus-Christ et ce n'est pas dit que nous devons haïr les païens mais, ce sont des alliances dont nous ne devons pas nous engager avec eux. La charité prouvera si nous avons Dieu dans notre âme parce qúll est l'amour. Galates 6 :9-10

Dans toutes les villes modernes surtout dans les pays développés, les églises sont pleines des croyants. Mais quand vous les cherchez dans les activités courantes de la vie, il est rare de les dénicher. Ceci, est parce que tous, païens et chrétiens se comportent souvent, de la même manière. Le manque de tolérance, les injures automatiques, le manque de vertu, sont caractérisés partout.

La différence n'est pas remarquable alors que les chrétiens ont comme premier rôle d'exposer la vie de Christ partout. Que ce soit dans leurs familles, travaux, marché et dans les affaires, le Seigneur doit tirer sa gloire dans toutes nos prestations. Les gents qui nous rencontrent témoigneront nos œuvres. Ici il ne s'agit pas de prêcher ou de prier mais d'être une lettre écrite par le St Esprit et qui sera lue par tout le monde.2Cor3 :2-3

Méfiez-vous de quelques enseignements qui flattent notre chair ; de fois les enseignements semblent être bons et confortables mais ce n'est pas la vérité. Pierre nous exhorte en disant, comme sont arrivés les faux prophètes, viendront aussi de faux docteurs. Lisons dans 2 Pi, 2 :1-3

1. Il y a eu parmi le peuple de faux prophètes, et il y aura de même parmi vous de faux docteurs, qui introduiront des sectes pernicieuses, et qui, reniant le maître qui les a rachetés, attireront sur eux une ruine soudaine.

2. Plusieurs les suivront dans leurs dissolutions, et la voie de la vérité sera calomniée à cause d'eux.

3. Par cupidité, ils trafiqueront de vous au moyen de paroles trompeuses, eux que menace depuis longtemps la condamnation, et dont la ruine ne sommeille point.

LEADERS RHEMA BUKAVU

Beaucoup de chrétiens confondent l'éloquence à l'onction. Une personne peut avoir la facilité d'arranger ses mots en les articulant convenablement, et par manque d'esprit de discernement, les gents peuvent se laisser dupés disant que c'est l'onction. Eprouvez tout enseignement par la parole de Dieu. Ce n'est pas parce que celui-ci possède les biens matériels qúil doit nécessairement avoir plus d'onction que l'autre. Une personne ointe n'a pas besoin de se déclarer ou de se vanter, cette onction sainte est visible par les gents spirituels. Celui-ci n'a pas besoin de la propagande, en ouvrant sa bouche c'est l'Esprit qui parle et vivant avec les autres c'est la vie de Christ qui est exposée. Beaucoup de serviteurs sont dépourvus de cette qualité parce qúau lieu d'exposer la vie de Christ, ils exposent la leur et de leurs adversaires. Dans ce cas le malin prend la relève et le Seigneur est privé de sa gloire.

Soyons vigilants et veillons sans cesse, notre Dieu n'est pas dans le désordre. Comment une maman qui est veuve ayant des bébés, peut prétendre que Dieu lui a parlé de les abandonner pour aller prêcher et résider dans un autre endroit. Ces enfants auront mal à comprendre ce Dieu. Comment une femme mariée peut aller jeûner pendant un mois sans l'autorisation de son mari ? Comment une femme peut cohabiter avec un homme et se proclamer servante du Seigneur ? Comment un homme qui fuit sa famille et va vivre dans un palais de bourgeoisie, peut dire que c'est Dieu qui le lui a parlé.

Que la femme sache qúelle a été créée pour son mari. Que les hommes sachent qúils doivent prendre leur famille en charge. Que les enfants sachent qúils doivent obéir à leurs parents. Que les travailleurs ne volent pas les heures de service. Beaucoup de gents mentent au nom de Dieu ; il faut écouter très bien, voir même redemander à Dieu et attendre la confirmation. Avec toute sincérité je vous dirai que maintes fois je pensais que c'était Dieu qui m'avait parlé alors que ce furent mes émotions. Dieu ne sera jamais fâché si vous lui demandez une précision et sachez que Dieu ne se passera jamais de sa parole à moins qúil y ait une exception bien précisée.

Pour ce qui est des prophètes, que deux ou trois parlent, et que les autres jugent ;... Les esprits des prophètes sont soumis aux prophètes ; car Dieu n'est pas un Dieu de désordre, mais de paix... Si quelqúun croit être prophète ou inspiré, qúil reconnaisse que ce que je vous écris est un commandement du Seigneur. 1Cor 14 ; 29-33,37

Proverbes 21 :9 et 19
Mieux vaut habiter à l'angle d'un toit, que de partager la demeure d'une femme querelleuse.

Mieux vaut habiter dans une terre déserte, qúavec une femme querelleuse et irritable.

RHEMA MAMANS KATANGA

15

LA PRIERE

Lorsque nous disons que nous allons prier, ceci veut dire que nous allons parler avec Dieu, nous aurons une communication adressée à Dieu. Bien de fois d'autres personnes disent qúils ne savent pas prier. Au fait c'est de l'ignorance, parce que prier n'est pas une récitation ou une imitation. C'est une requête adressée à Dieu ; c'est-à-dire, au lieu de demander à mon semblable, je vais directement à mon Dieu. Sur-ce fait tout le monde est censé connaître comment demander un besoin qui se trouve dans son cœur en utilisant sa bouche et sa voix. Mais il doit croire que Dieu l'écoute pour mettre du poids à sa requête.

Nous avons quelques éléments dans la prière dont : La louange, l'adoration, les pétitions ou les requêtes (intercession) et c'est cette partie qui nous intéresse parce que dans les chapitres qui suivent nous parlerons en profondeur sur la louange et l'adoration. Prier n'est pas se faire des injures devant Dieu ni accuser les autres mais présenter à Dieu nos besoins, et aussi ceux des autres, ainsi que pour tout qui nous est difficile à réaliser par nos propres forces ou moyens. Au départ nous devons croire que Dieu est tout puissant et rien ne lui est impossible. Dans la bible nous voyons comment les rois venaient avec des requêtes pour leurs pays et demandaient leur délivrances contre leurs ennemis. 2 Samuel 22 :1-8 David avait l'habitude de consulter L'Eternel dans toutes les circonstances et Dieu n'avait pas honte de dire, David, l'homme selon mon cœur. Son Fils Salomon fut aussi des prières 1 Rois 3 :7-14,22-55, ASA 2 Chroniques 14 :11-12 Josaphat, 2

Chroniques 20 :1-23, L'autre Roi qui fut habitué aux prières est Ezéchias 2 Rois 19 :15-20

PRIERE DE 40 JOURS

Le Seigneur Jésus demandait à ses disciples de prier sans cesse. Ici il ne s'agit pas de demander seulement les choses mais de quitter dans le naturel et entrer dans le spirituel. Il est très difficile d'acquérir les habitudes spirituelles si on ne se consacre pas dans les prières de la vie. Pour avoir de l'onction divine il est très important d'avoir beaucoup de temps de prières.

Plus je me consacre à cette prière plus je deviens sensible à la volonté de Dieu et aussi en ajoutant le jeûne et la dédication à Dieu, l'on devient très rapidement transformé et renouvelé spirituellement. Dans ces actions, diverses faiblesses soit spirituelles et physiques sortent en nous. Les révélations et la compréhension de la parole de Dieu deviennent faciles. L'homme de prière doit être jaloux de son temps, il ne peut pas le consacrer aux jeux et aux plaisirs de ce monde. Je ne m'excuserais pas si je puis passer cinq heures, rien qúen regardant un film des banalités ou aux jeux pendant que je manque trente minutes pour parler avec mon Dieu. Sachez que Dieu aime beaucoup parler avec nous, le plus de temps possible que nous pouvons disposer. Lui priver de cette éventualité c'est par manque de connaissance et c'est pour cette raison que les enfants de Dieu sont détruits.

Prier, c'est uniquement pour notre avantage, d'abord nous avons l'occasion de pardonner et aussi de demander pardon pour ceux à qui nous avons offensé. Avec un état de péché ou de conflit, nos prières ne seront que des bruits devant L'Eternel, nous devons réparer toutes les casses avant d'aborder Dieu.

De deux, nous nous édifions en parlant en langues comme Paul nous le dit dans 1 Cor14 :4 ici dans le verset2 et 14 il nous est montré que celui qui parle en langue ne parle pas aux hommes, mais à Dieu, car personne ne le comprend, et c'est en esprit qúil dit des mystères. Celui qui parle en langue, son esprit est en prière pendant que son intelligence demeure stérile. Tout cet entretien nous amène à voir que prier n'est pas un phénomène naturel, il est spirituel étant donné que nous communiquons avec Dieu qui est Esprit. De ce fait, nous recevons des apports que jamais nous pouvons recevoir de quelqúun dautre. La chair semble ne pas recevoir cette onction et ne nous encourage pas à le faire régulièrement parce que c'est notre esprit qui est travaillé à la manière de Dieu. Pour tuer l'emprise de la chair sur nous, nous devons disposer beaucoup de temps consacrés à la prière. C'est pour cette raison qúun leader spirituel devrait s'occuper seulement du travail de Dieu. Il est obligé d'avoir chaque jour une nourriture fraîche à délivrer au troupeau du Seigneur.

Le Seigneur nous a enseigné de demander au Père dans le nom de Jésus-Christ. Jean 14 :13-14, /16 :23-24,26

On ne prie pas au nom du père et du fils et du St Esprit ; Le Seigneur a fait mention de cette formule quand il a envoyé ses disciples d'aller prêcher et de baptiser les croyants au nom du Père et du Fils et du St Esprit. La prière pour chasser les démons se fait par le nom de Jésus-Christ. Les prières pour ouvrir un service dans le culte ne doit pas faire beaucoup de minutes, une à deux minutes suffisent, si vous voulez faire une longue, allez chez vous pour que vous ne puissiez pas perturber dautres programmes du culte. Il est aussi nécessaire de faire une courte prière pour bénir la nourriture. Chaque chose a son temps. Nous devons aussi nous tenir dans la parole de Dieu dans toutes les déclarations et alternatives dans les prières.

Peuple de Dieu réjouissez-vous parce que Dieu nous aime Lui qui respecte même nos corps après la mort : Psaume 116 :15 « Elle a du prix aux yeux de L'Eternel, la mort de ceux qui l'aiment ». Lui qui n'a pas toléré le corps d'un incirconcis toucher celui de son serviteur Elisée. 2 Rois 13 :20-21

Nous n'avons pas à chercher la gloire, nous avons celle de Dieu, respectés par les anges ayant la faveur du conseil suprême de Dieu, rachetés et lavés dans le sang de Jésus-Christ, honorés par le ciel, attendus dans l'espace céleste pour notre éternité. De quoi comparer ces acquis ? Les ornements de ce monde et ses désirs ne font que la honte et la perte ; il faut à tous prix les vaincre.

Nous avons déjà la dignité et la personnalité, approuvées par Dieu dans son Esprit Saint. Alléluia

FAMILLE RAHA

RAPPEL A LA DESCENDANCE DU PATRIARCHE RAHA MUGISHO

Rappelez-vous toujours, famille RAHA, du vœu que vous fûtes à Dieu de ne pas L'abandonner. Ma prière est que vous puissiez fuir les passions du monde et demeurer dans Le Seigneur. Le monde passera et tout ce qui le renferme. L'héritage précieux qúun père peut laisser à sa famille est la parole de Dieu. Que Dieu vous aide à remplir ce vœu. S'en passer de moi n'est rien mais mes conseils vous feront prospérer dans tous les domaines si vous les appliquez sans faille. Apprenez aux Récabites comment Dieu les a bénis. Jérémie 35 :6-9, 14,18-19

LE BAPTEME DU SAINT ESPRIT

Dans l'ancien testament quelques rares personnes le recevaient mais pour un temps limité, tandis que dans la nouvelle alliance, nous sommes avec lui toujours. Juges 3 :10 1Samuel 10 :6-7 11 :6 17 :13 2Chr.15 :1 Lorsque Moïse avait de difficultés à supporter les charges seul d'Israël, Dieu a pris de l'esprit sur Lui qúll déversa sur soixante dix anciens qui l'aidèrent dans le travail. Nombre 11 :17 ; 24-26 /27 :18 Joël 2 :28-30

Elizabeth en attendant la salutation de Marie, son enfant tressaillit dans son sein, et elle fut remplie du Saint Esprit. Luc 1 :41. Dans l'évangile de Jean, Le Seigneur parla en plusieurs occasions que les disciples recevront le St Esprit et Il ne les laissera pas orphelin. Marc 1 :8 Jean 14 :16-18,26 16 :7-8

Le livre des actes des apôtres est rempli des signes du St Esprit. Le premier chapitre est la promesse du baptême du St Esprit. Acte.1 :8 Le deuxième est la pentecôte ou la première occasion où les disciples reçurent le baptême du St Esprit et parlèrent en langue.2 :1-4 Le troisième chapitre, par la puissance du St Esprit Pierre fit le premier miracle.3 :6-9 Le quatrième vient avec l'agrandissement de l'église, résultat des œuvres du St Esprit.4 :4 Le cinquième, la discipline fut entrée dans l'église par la mort d'un couple qui voulait tromper le St Esprit.5 :1-11 Le sixième, l'apparition des diacres pour aider les apôtres dans les tâches administratives et de logistiques.6 :1-6 Le septième nous voyons le premier martyr à cause de L'évangile.7 :57-60 Le huitième, l'église devait être secouée par des persécutions pour que l'évangile aille dans différents endroits.8 :1-8

Le signe du baptême du St Esprit n'est pas n'importe quelle émotion que les gents peuvent avoir. Ce n'est pas non plus l'action d'être tombé ni pousser des cris de joie ou un brouhaha. Le signe initial du baptême du St Esprit est le parler en langue. Différentes doctrines parlent que le parler en langue est un don pour certaines personnes mais en lisant Marc 16 :17 Voici les miracles qui accompagneront ceux qui auront cru : ils parleront de nouvelles langues. Ensuite, Paul dans 1 Cor.14 :5 nous déclare, je désire que vous parliez tous en langues, mais encore plus que vous prophétisiez. Ma grande indignation est que beaucoup de frères et sœurs se complaisent pour donner de fausses prophéties et déclarent, ainsi parle l'Eternel ; ceci est une malédiction et un blasphème. Il serait mieux à tout qui fait cette mauvaise pratique de se repentir et l'abandonner. Il existe encore une différence nette entre donner une prophétie à l'église ou dans un groupe de prière et être prophète.

SERVICE A NAIROBI

La prophétie qui est donnée en parlant en langue et de par son interprétation est pour édifier, exhorter et consoler. C'est par ces trois facteurs que ces prophéties sont discernées dans tout contexte spirituel. Mais un prophète détient plus de trois dons qui sont : la parole de sagesse et la parole de connaissance et le don de discernement ainsi que le don de prophétie. Voici comment est composé le ministère d'un prophète. Samuel connu par la connaissance que les ânes du père de Saul étaient retrouvés, par la parole de la sagesse il a vu en Saul, un roi ; et par le discernement il a trouvé parmi les enfants d'Isaïe que c'est David que Dieu avait choisi pour être roi d'Israël; par le don de prophétie il déclare avec précision les paroles de Dieu.

La promesse du St Esprit est pour tous qui croiront ; Acte 2 :39 Car la promesse est pour vous, pour vos enfants, et pour tous ceux qui sont au loin, en aussi grand nombre que le Seigneur notre Dieu les appellera.

Le deuxième volet serait de différencier, le baptême du St Esprit et être rempli de l'Esprit Saint. On est baptisé une fois par le St Esprit mais plus on se donne à la prière et à la consécration à Dieu, on continue à être rempli, c'est continuel et sans limitation. Les disciples étaient déjà baptisés au jour de pentecôte par le St Esprit mais quand ils étaient en prière d'ensemble, la bible nous montre dans Acte 4 :31 Quand ils eurent prié, le lieu où ils étaient assemblés trembla ; ils furent tous remplis du Saint Esprit, et ils annonçaient la parole de Dieu avec assurance

FAVEUR OU GRACE SPECIALE

Les faveurs de Dieu s'obtiennent de façons très particulières mais les actions de déterminations sincères provoquent des solutions spéciales venant de Dieu.

PRINCESSE CHANTANT ASS.DE DIEU

1. NEHEMIE 2 :7 devant le roi

Néhémie avait l'amour de Dieu et celui de Jérusalem. Il ne pouvait pas se taire quand il avait entendu une mauvaise nouvelle sur le peuple de Dieu, le mur de Jérusalem et aussi de l'inertie des autres sur le travail de Dieu. Celui-ci devait chercher la face de Dieu pour qúil trouve grâce devant le roi qui était son chef direct afin qúil lui permette d'aller construire le mur de Jérusalem. « Lorsque j'entendis ces choses, je m'assis, je pleurais, et je fus plusieurs jours dans la désolation. Je jeûnais et je priai devant le Dieu des cieux,... » Dans sa prière il a déclaré, < Donne aujourd'hui du succès à ton serviteur, et fais lui trouver grâce devant cet homme ! >Néhémie.1 :4,11 Dieu, voyant la sincérité de son cœur et le fardeau de son âme rendit le cœur du roi très fragile et Néhémie obtint tout ce qúil demandât au roi. Cet exemple est à imiter pour tous les serviteurs de Dieu au lieu de murmurer et de maudire et de se jeter les pierres. Le Dieu d'Israël est toujours vivant prêt à nous faire de grâces spéciales pour des causes fondées. Il ne fait acception à personne. Il est le même hier, aujourd'hui et à jamais. Il a dit dans Malachie 3 :6 « Car je suis L'Eternel, je ne change pas... »

2. ESTHER 5 :2-3 devant le roi

Esther était une fille qui obéissait à son oncle et faisait correctement ce que Mardochée lui disait. De son intégrité devant Dieu et devant ses parents adoptifs, elle recevait des faveurs partout où elle se présentait. Les faveurs ne viennent pas sans un prix à payer, celui de l'obéissance et aussi du courage d'affronter les risques à cause du salut des autres. Israël devait connaitre une grande persécution si personne ne pouvait avoir l'initiative de toquer sur les portes du ciel et celle du roi pour le salut des juifs. Ecoutons les réactions d'une femme qui connaissait la puissance de Dieu : « Va, rassemble tous les juifs qui se trouvent à Suse, et jeûner pour moi, sans manger ni boire pendant trois jours, ni la nuit ni le jour. Moi aussi je jeûnerai de même avec mes servantes, puis j'entrerai chez le roi, malgré la loi ; si je dois périr, je périrai. » Esther 4 :16   Après avoir terminé cette première action elle a pris le courage d'aborder le roi malgré la sentence de mort que toute personne devait subir. La bible nous dit qúelle trouva grâce à ses yeux ; et le roi tendit à Esther le sceptre d'or qúil tenait à la main. Le roi lui dit : Qúas-tu, reine Esther, et que demandes-tu ? Quand ce serait la moitié du royaume, elle te serait donnée. Esther 5 :2-3 L'action de la reine donna le salut à toute une communauté qui devait périr. Au lieu de s'accuser mutuellement du mal qui apparait, une action qui est une et très pertinente est de chercher la face de L'Eternel qui a tout pouvoir et toute puissance. Les enfants de Dieu doivent savoir que Dieu n'est pas seulement avec nous dans le temps de bonheur, Il est toujours prêt à nous écouter et nous délivrer si nous lui cherchons de tout notre cœur ayant un cœur pur. « Dieu est pour nous un refuge et un appui, un secours qui ne manque jamais dans la détresse. C'est pourquoi nous sommes sans crainte quand la terre est bouleversée, et que les montagnes chancellent au cœur des mers, quand les flots de la mer mugissent, écument, se soulèvent jusqúà faire trembler les montagnes. Ps 46 :2-3

3. 1ROIS 3 :5 Salomon devant Dieu

La parole de Dieu nous témoigne comment Salomon aimait L'Eternel, et il fit quelque chose de spécial qui attira particulièrement la réaction de Dieu. « Salomon aimait L'Eternel, et suivait les coutumes de David son Père. Le roi se rendit à Gabaon pour y sacrifier, car c'était le principal des hauts lieux. Salomon offrit mille holocaustes sur l'autel. A Gabaon, L'Eternel apparut en songe à Salomon pendant la nuit, et Dieu lui dit : Demande ce que tu veux que je te donne. 1Rois3 : 3-5 La deuxième fois c'était après avoir construit le temple « Lorsque Salomon eut achevé de bâtir la maison de L'Eternel, la maison du roi, et tout ce qúil lui plut de faire, L'Eternel apparut à Salomon une seconde fois, comme il lui était apparu à Gabaon. Et L'Eternel lui dit : J'exauce ta prière et ta supplication que tu m'as adressées, je sanctifie cette maison que tu as bâtie pour y mettre à jamais mon nom, et j'aurai toujours là mes yeux et mon cœur. » 1Rois 9 :1-3 Dieu voulait montrer à Salomon que ses œuvres méritaient une attention très particulière et c'est ce qúll fut ; Dieu sait honorer ceux qui l'honorent ; Il ne se taira jamais aux actions qui lui plaisent ; Il se manifeste avec sa puissance.

RAHA A IOWA

4. 2ROIS 2 :2-9 devant Elie

Elisée avait confiance à Elie, et toutes ses aspirations étaient de devenir non seulement comme son maître mais son double. Il suivait Elie parce qúil était convaincu qúil avait le vrai Dieu. Dans ses orientations il n'avait pas une autre réjouissance que de servir le Dieu d'Elie. Si vous êtes avec quelqúun qui a perdu le vrai Dieu, vous perdez votre temps ; abandonnez-le et cherchez-le de toi-même, suivant ses préceptes. C'est Dieu qui avait ordonné Elie de prendre Elisée comme son successeur, et celui-ci versait de l'eau sur les mains d'Elie en tant que son serviteur (2Rois 3 :11). Celui-ci obéissait à son maître à tous les petits détails de sa vie. Il répondait juste à toutes les instructions et ne pouvait en aucun cas improviser une décision. Cela étant, avant son enlèvement il lui fut une faveur en guise de reconnaissance et d'approbation du travail rendu et de sa fidélité jusqúà la dernière minute de sa vie sur terre. « Lorsqúils eurent passé, Elie dit à Elisée : Demande ce que tu veux que je fasse pour toi, avant que je sois enlevé d'avec toi. Elisée répondit : Qúil y ait sur moi, je te prie, une double portion de ton esprit ! 2Rois 2 :9-10

5. 2ROIS 4 :14 LA SUNAMITE devant Elisée

Voyons cette femme qui bénéficia d'une faveur devant Elisée. Ses actions plurent au serviteur de Dieu qui à son tour devait réagir d'une manière très particulière. « Un jour Elisée passait par Sunem. Il y avait là une femme de distinction, qui le pressa d'accepter à manger. Et toutes les fois qúil passait, il se rendait chez elle pour manger. Elle dit à son mari : Voici, je sais que cet homme qui passe toujours chez nous est un saint homme de Dieu. Faisons une petite chambre haute avec des murs, et mettons-y pour lui un lit, une table, un siège et un chandelier, afin qúil s'y retire quand il viendra chez nous. ... Et Elisée dit à Guehazi, son serviteur : Appelle cette Sunamite tu nous as montré tout cet empressement ; que peut on faire pour toi ? Faut-il parler pour toi au roi ou au chef de l'armée ? ... Elisée lui dit : A cette même époque, l'année prochaine, tu embrasseras un fils. ... Cette femme devint enceinte, et elle enfanta un fils à la même époque, l'année suivante, comme Elisée lui avait dit. 2Rois 4 : 8-17

Dans Matthieu 7 ; 7 La bible nous précise de demander et il nous sera donné ; cela est exactement réel si nous prenons en considération les chapitres de Matthieu 5, 6 et 7. Bien de frères et sœurs voient seulement le mot demandez et vous aurez tout en oubliant que nous devons avant tout être en bonne relation avec Dieu. Dieu n'agrée pas la prière d'un pécheur mais gloire soit rendue à L'Eternel parce qúune option de nous repentir nous est offerte et aussi la possibilité d'être pardonné. Esaie 59 :1 -3 Non la main de L'Eternel n'est pas trop courte pour sauver, ni son oreille trop dure pour entendre. Mais ce sont vos crimes qui mettent une séparation entre vous et votre Dieu ; ce sont vos péchés qui vous cachent sa face et l'empêchent de vous écouter. Car vos mains sont souillées de sang, et vos doigts de crimes ; vos lèvres profèrent le mensonge, votre langue fait entendre l'iniquité.

SERVICE RHEMA KADUTU

L'ORIGINE ET L'IMPACTE DU SANG

Le sang est une matière qui a une origine spéciale, et fut à travers l'histoire de la création très symbolique et un moyen d'alliance entre diverses connotations. Jadis, il n'était pas permis à l'homme de manger les aliments ayant le sang. L'homme devait manger les herbes portant de la semence et qui est à la surface de toute la terre, et de tout arbre ayant en lui du fruit d'arbre et portant de la semence. Genèse 1 :29 C'est après la chute de l'homme que ceci changea : « Tout ce qui se meut et qui a vie vous servira de nourriture : je vous donne tout cela comme l'herbe verte. Seulement, vous ne mangerez point de chair avec son âme, avec son sang. Sachez-le aussi, je redemanderais le sang de vos âmes, je le demanderais à tout animal ; et je redemanderais l'âme de l'homme à l'homme,...Si quelqúun verse le sang de l'homme son sang sera versé ; car Dieu a fait l'homme à son image. Genèse 9 :3-6

Quelle est l'origine du sang de l'homme ? Au fait, pendant la création d'Adam, il ne pouvait pas bouger après l'acquisition d'une forme humaine. C'était comme une statue qui ne signifiait rien. Il a fallu cette matière pour qúAdam soit vivant. C'est ainsi que Dieu a soufflé dans ses narines pour que deux éléments composant la vie entrent en lui. En souffla dans ses narines entrèrent l'esprit et le sang. C'est ainsi que l'homme fut créé à l'image de Dieu. Genèse 2 :7

Ce sang fut souillé quand Adam et Eve ont péché contre Dieu et la bible nous montre comment ils reçurent une malédiction : Il dit a l'homme : puisque tu as écouté la voix de ta femme,......

le sol sera maudit à cause de toi. C'est à force de peine que tu en tireras ta nourriture tous les jours de ta vie, il te produira des épines et des ronces... C'est à la sueur de ton visage que tu mangeras ton pain, jusqúà ce que tu retournes dans la terre... Genèse 3 :17-19

Toute garantie sécuritaire fut effacée pour l'homme, mais Dieu dans sa bonté divine, prépara un plan du salut pour le racheter. L'histoire des alliances continua et nous lisons comment Dieu fut diverses alliances du sang avec ses élus. Abraham fut circoncis avec tout mâle qui vivait avec lui. Isaac devait être sacrifié mais un agneau fut donné à Abraham en guise de sacrifice ; ceci nous donne l'image de l'agneau immolé de Dieu. La différence des sacrifices de Caïn et Abel était que Dieu agréait celui d'Abel parce que c'était des animaux qui au fait avaient du sang tandis que Caïn apportait le produit de la terre qui était maudit. Bien de gents enseignent que Caïn apportaient des produits de la terre qui furent pourris, chose qui n'est pas vraie. La délivrance des enfants d'Israël de l'Egypte fut par le sacrifice du sang. « Ce sera un agneau sans défaut, mâle, âgé d'un an ; vous pouvez prendre un agneau ou un chevreau...On prendra du sang, et on en mettra sur les deux poteaux et sur le linteau de la porte des maisons ou on le mangera.... C'est la Pâque de L'Eternel. » Exode 12 :5-12 Dans la nouvelle alliance notre Pâque est manifestée par la mort et la résurrection de Jésus.

Les sacrificateurs continuèrent par le sacrifice du sang pour la rémission des péchés dans la tente d'assignation. « Moïse prit la moitié du sang qúil mit dans des bassins, et il répandit l'autre moitié sur l'autel. Il prit le livre de l'alliance, et le lut en présence du peuple ; ils dirent : nous ferons tout ce que L'Eternel a dit, et nous obéirons. Moïse prit le sang, et il le répandit sur le peuple, en disant : Voici le sang de l'alliance que Dieu a faite avec vous selon toutes ces paroles. Exode 23 :6-8

Tout ceci fut l'ombre de ce que le plan de Dieu de rédemption constituait. Hébreux 10 :1

Les sacrifices des péchés devaient se faire chaque année. Mais par le sang de l'agneau de Dieu immolé, un sacrifice suffit pour tous les enfants de Dieu. Alléluia

« Mais Christ est venu comme souverain sacrificateur des biens à venir, il a traversé le tabernacle le plus grand et plus parfait, qui n'est pas construit de main d'homme, c'est-à-dire, qui n'est pas de cette création ; il est entré une fois pour toutes dans les lieux très saints, non avec le sang de boucs et des veaux, mais avec son propre sang . » Hébreux 9 :11-17

Le sang faisait aussi des alliances entre les personnes dans leur amitié ainsi que dans le mariage ; il est écrit qúun sacrificateur doit épouser une femme qui est vierge. Le sang produit par la virginité parle beaucoup plus que la bague qui ne signifie rien par rapport à l'union sacrée du mariage. Si le peuple de Dieu pouvait garder cette pureté dans le mariage, ce serait agréable à Dieu et serait la base de la rupture d'avec la prostitution des adolescents. C'est la volonté de Dieu qúune femme soit mariée étant vierge. Le sang versé est une alliance qui appelle Dieu d'être témoin de cette union ; « Parce que L'Eternel a été témoin entre toi et la femme de ta jeunesse, à laquelle tu es infidèle, bien qúelle soit ta compagne et la femme de ton alliance. Malachie 2 :14 Levi 21 :7,13-15 Eze 44 :22-24 L'épouse de Christ doit être pure sans tâche, purifiée par le sang de l'agneau. Le sang de notre alliance est fait par celui de l'agneau de Dieu immolé.

Les hommes prirent les épines et les ronces et les mirent sur le fils de Dieu pendant sa crucification comme couronne. Pendant cette opération tout goûte du sang tombé, sanctifiait la terre des ronces et des épines qui devaient arriver à l'homme. Le fils de Dieu prit cette malédiction étant lui-même sur la croix en se substituant à nous. Romains 3 :23-24

La terre reçut le sang pur qui la purifia et aujourd'hui nous pouvons offrir les produits de la terre à Dieu ; rappelons-nous que Marie de Magdala voulait toucher sur Jésus lors de sa résurrection mais il lui dit : « Ne me touche pas ; car je ne suis pas encore monté vers le Père. Mais va trouver mes frères, et dis leur que je monte vers mon Père et votre Père, vers mon Dieu et votre Dieu.» Jean 20 :17 Jésus devait offrir ce sang dans le ciel ; la terre et le ciel avaient besoin de ce sang. Les prières de Daniel étaient bloquées à cause du manque de la sanctification des cieux que Satan et son groupe avaient souillé. Hébreux 9 :23-26 Donc, le ciel, la terre et nous, nous fûmes purifiés par le sang de Jésus c'est-à-dire, quiconque reçoit le fils de Dieu est sauvé par le sacrifice du sang offert par l'agneau de Dieu. Jean 3 :16-19

Le Seigneur disait à ses disciples sur la puissance de son sang mais nombreux ne comprirent rien. Ils étaient au nombre de soixante dix, il lui resta douze. Il leur dit encore, vous aussi vous voulez partir, la réponse fut que c'est toi qui a la vie. « Je suis le pain de vie...Si quelqúun mange de ce pain, il vivra éternellement...Jésus leur dit, si vous ne mangez pas la chair du fils de l'homme, et si vous ne buvez son sang, vous n'avez point la vie en vous-mêmes. Celui qui mange ma chair et qui boit mon sang a la vie éternelle ; et je le ressusciterai au dernier jour. Car ma chair est vraiment une nourriture et mon sang un breuvage... Plusieurs de ses disciples après l'avoir entendu, dirent : cette parole est dure ; qui peut l'écouter ?... De ce moment plusieurs de ses disciples se retirèrent, et ils n'allaient plus avec lui. Jésus dit donc aux douze : Et vous, ne voulez-vous pas aussi vous en aller ? Simon Pierre lui répondit : Seigneur, à qui irions-nous ? Tu as la parole de la vie éternelle. Et nous avons cru et nous avons connu que tu es le Christ, le Saint de Dieu Jean 6 : 48-69

Dans ce cas il est de notre avantage de manger chaque jour la chair de Christ et boire quotidiennement par la foi le sang de Jésus-Christ. Sans peur je déclare que je bois le sang de Jésus et je mange sa chair pour une totale protection et sanctification. « Souvenez-vous que vous étiez en ce temps-là sans Christ, privés du droit de cité en Israël, étrangers aux alliances de la promesse, sans espérance et sans Dieu dans le monde. Mais maintenant, en Jésus-Christ, vous qui étiez jadis éloignés, vous avez été rapprochés par le sang de Christ. Car Il est notre paix, Lui qui de deux n'en a fait qúun, et qui a renversé le mur de séparation, l'inimitié, ayant anéanti par sa chair la loi des ordonnances dans ses prescriptions, afin de créer en lui-même avec les deux un seul homme nouveau, en établissant la paix, et de réconcilier, l'un et l'autre en un seul corps, avec Dieu par la croix, en détruisant par elle l'inimitié. ...» Ephésiens 2 :12-22

Les sorciers mangent la chair des gents et boivent leur sang pour avoir la puissance diabolique tandis que les rachetés sont très puissants et invulnérables dans la chair et le sang du Fils de Dieu. 1Cor 11 :23-31

MERCI SEIGNEUR DE M'AVOIR ACQUITTE

Une fois au tribunal, dans une salle plein à craquer, X est accusé par le ministère public. Les avocats du ministère public étaient très forts et mieux écoutés. Les parents et les amis de X et lui-même étaient dans une angoisse terrible parce que l'audience s'attendait à deux mots ; soit condamné ou acquitté. La défense prit la parole et fut très courte mais son argumentation était légale et juridiquement acceptée. Et maintenant, ce fut le tour du juge pour prononcer la sentence ; du coup une déclaration publique eut lieu, X vous êtes acquitté et à partir de ce moment vous êtes libre ; toute la salle fut joyeuse pour tout qui était ses partenaires. X fut dans une grande joie qúil n'a jamais ressentie dans sa vie, et cette parole continua à résonner en lui, vous êtes acquitté, vous êtes libre vous êtes innocent. Frères et sœurs, nous qui sommes dans Le Seigneur devrions nous réjouir de cet acquit hérité à travers Le Seigneur Jésus-Christ, parce que à tout moment que nous reconnaissons nos péchés et les repentir du fond de nos cœurs, une seule réponse nous est réservée ; vous êtes acquitté, vous êtes affranchi. Quand je m'imagine combien de fois je passe quotidiennement au tribunal devant Dieu pour mes transgressions, et je gagne le procès, je loue L'Eternel Dieu et je trouve que nous devons aussi faire de même aux autres qui nous sont redevables. La première chose est de reconnaitre le péché, la deuxième le repentir, et la troisième, l'abandonner. L'orgueil ne nous servira en rien, l'humilité et la sincérité du cœur sont exigées pour hériter tout qui vient de Dieu. La sainteté est une condition sine qua non pour demeurer éternellement dans face de Dieu.

2 CHRONIQUE, 7; 14-15

[14] si mon peuple sur qui est invoqué mon nom s'humilie, prie, et cherche ma face, et s'il se détourne de ses mauvaises

voies, -je l'exaucerai des cieux, je lui pardonnerai son péché, et je guérirai son pays.

15 Mes yeux seront ouverts désormais, et mes oreilles seront attentives à la prière faite en ce lieu.

16 Maintenant, je choisis et je sanctifie cette maison pour que mon nom y réside à jamais, et j'aurai toujours là mes yeux et mon cœur.

PSAUME 130 ; 3-6

3 Si tu gardais le souvenir des iniquités, Éternel, Seigneur, qui pourrait subsister?

4 Mais le pardon se trouve auprès de toi, Afin qúon te craigne.

5 J'espère en l'Éternel, mon âme espère, Et j'attends sa promesse.

6 Mon âme compte sur le Seigneur, Plus que les gardes ne comptent sur le matin, Que les gardes ne comptent sur le matin.

PSAUME 103 : 8-19

8 L'Éternel est miséricordieux et compatissant, Lent à la colère et riche en bonté;

9 Il ne conteste pas sans cesse, Il ne garde pas sa colère à toujours;

10 Il ne nous traite pas selon nos péchés, Il ne nous punit pas selon nos iniquités.

¹¹ Mais autant les cieux sont élevés au-dessus de la terre,
Autant sa bonté est grande pour ceux qui le craignent;

¹² Autant l'orient est éloigné de l'occident, Autant il éloigne de nous nos transgressions.

¹³ Comme un père a compassion de ses enfants, L'Éternel a compassion de ceux qui le craignent.

¹⁴ Car il sait de quoi nous sommes formés, Il se souvient que nous sommes poussière.

¹⁵ L'homme! Ses jours sont comme l'herbe, Il fleurit comme la fleur des champs.

¹⁶ Lorsqúun vent passe sur elle, elle n'est plus, Et le lieu qúelle occupait ne la reconnaît plus.

¹⁷ Mais la bonté de l'Éternel dure à jamais pour ceux qui le craignent, Et sa miséricorde pour les enfants de leurs enfants,

¹⁸ Pour ceux qui gardent son alliance, Et se souviennent de ses commandements afin de les accomplir.

¹⁹ L'Éternel a établi son trône dans les cieux, Et son règne domine sur toutes choses.

ESAIE 1 : 14-20

¹⁴ Mon âme hait vos nouvelles lunes et vos fêtes; Elles me sont à charge; Je suis las de les supporter.

¹⁵ Quand vous étendez vos mains, je détourne de vous mes yeux; Quand vous multipliez les prières, je n'écoute pas: Vos mains sont pleines de sang.

¹⁶ Lavez-vous, purifiez-vous, Otez de devant mes yeux la méchanceté de vos actions; Cessez de faire le mal.

¹⁷ Apprenez à faire le bien, recherchez la justice, Protégez l'opprimé; Faites droit à l'orphelin, Défendez la veuve.

¹⁸ Venez et plaidons! dit l'Éternel. Si vos péchés sont comme le cramoisi, ils deviendront blancs comme la neige; S'ils sont rouges comme la pourpre, ils deviendront comme la laine.

¹⁹ Si vous avez de la bonne volonté et si vous êtes dociles, Vous mangerez les meilleures productions du pays;

²⁰ Mais si vous résistez et si vous êtes rebelles, Vous serez dévorés par le glaive, Car la bouche de l'Éternel a parlé.

PROVERBES 24 : 16

¹⁶ Car sept fois le juste tombe, et il se relève, Mais les méchants sont précipités dans le malheur

N.B Les péchés que vous repentez et les abandonnés sont pardonnés et oubliés mais celui qui les cache se détruit lui-même. Si Dieu avait châtié sérieusement Israël à cause de ses péchés, ne croyez pas que les autres seraient épargnés. On ne se moque pas de Dieu. Guehazi pouvait être un grand prophète après Elie mais à cause d'un cœur plein de désirs charnels il détruisit son avenir. Beaucoup de prédicateurs ne veulent pas mentionner le mot péché et la repentance, jugés démodés ; mais sans repentance pas de salut. Le grand message de Jean-Baptiste fut la repentance ; Notre Seigneur fut de même, et tous les apôtres continuèrent avec le même message. Nous ne pouvons en aucun cas nous attendre d'une bonne chose dans un cœur de péché. Joseph a pu sauver le monde à cause de la crainte de L'Eternel. Il a préféré souffrir que de pécher contre Dieu et son maitre. Il fut arrêté comme un criminel mais au temps de Dieu il fut délivré et devint la bénédiction pour Egypte, Israël et le monde de son temps. Si vous n'avez jamais méditer sur le ciel, commencez maintenant parce que tout dépendra de votre choix.

Colossiens 2 : 3-15

13 Vous qui étiez morts par vos offenses et par l'incirconcision de votre chair, il vous a rendus à la vie avec lui, en nous faisant grâce pour toutes nos offenses;

14 il a effacé l'acte dont les ordonnances nous condamnaient et qui subsistait contre nous, et il l'a détruit en le clouant à la croix;

15 il a dépouillé les dominations et les autorités, et les a livrées publiquement en spectacle, en triomphant d'elles par la croix.

Bienaimés dans Le Seigneur, efforçons nous de mériter cette grâce et ne soyons pas des fanatiques ou des mercenaires. Vivons la parole de Dieu au lieu de nous égarer à cause des désirs et les plaisirs de ce monde. Tout passera mais la parole de Dieu demeure éternellement.

LES SOUFFRANCES

Le monde est plein de gents qui souffrent, depuis le palais royal jusqúà la famille de la plus misérable personne. Mais en réalité beaucoup sont torturés par leurs fausses idées concernant le concept de satisfaction. Beaucoup d'idées de distorsion entrainent les gents à se suicider. Autre mot à utiliser est l'illusion, ce monde est rempli des illusionnistes. Le vide qui devait être comblé par Dieu veut être remplacé par ce que j'appelle fantôme, par ce que j'ai la certitude que la place que doit occuper Dieu dans notre vie est irremplaçable. Aucune autre alternative n'a pas de possibilité d'amener une réponse ou un palliatif mais des chimères. Comment un homme ou une femme qui a tout les nécessaires pour vivre, arrive à se suicider à cause d'une quelconque cause ? L'explication serait une distorsion, une illusion, une insatisfaction imaginaire, ou une idée chimérique.

Il est vrai que si vous vous enfoncez profondément dans L'Esprit, les autres ne vous comprendront et seront sujets de votre persécution. Cela est normal, tous les frères endurcis dans la foi ont connu ce problème. Ne vous tracassez-pas de ce cas mais continuez à vous réjouir dans Le Seigneur. Les mondains veulent que vous leur ressembliez dans tout ce qúils font et dans leur interprétation de ce monde. Mais notre Seigneur nous a prévenus de savoir que nous ne sommes pas de ce monde. « Je leur ai donné ta parole ; et le monde les a haïs, parce qúils ne sont pas du monde, comme moi je ne suis pas du monde ».Jean 17 :14

FAVOR EBENEZER RAHA

Etant différent, les amis, la famille et les connaissances vous laisseront et parleront du mal contre vous ; cela est la conséquence de ne pas appartenir à leur monde. Votre joie doit être de vivre dans la présence de Dieu, d'aimer et pardonner ceux qui vous persécutent. Sachez qúen devenant citoyen du ciel, vous êtes ami des anges, conduit non pas par la chair mais par le St Esprit, développant les fruits de l'esprit et non les œuvres de la chair. Ne soyez-pas frustrés quand le monde ne veut plus de vous, la présence de Dieu est suffisante et Il vous donnera des vrais amis et créera pour vous une famille sainte. Réjouissez-aussi vous qui n'avez pas d'enfants ou vous qui avez eu de déception dans les foyers, demeurez toujours fidèles à Dieu. Que cela ne soit pas un sujet de détresse. Vivez votre vie comme ceux qui ont tout ce qúil faut, ne vous alarmez pas mais au contraire, déchargez tous vos soucis à Dieu.

Toute situation que vous avez sur la terre est temporaire. Que votre joie soit du fait d'appartenir à la race élue, un sacerdoce royal, une nation sainte, un peuple acquis.... 1 Pi : 2 :9 , Le soucis du manque de possession quelconque sur la terre peut être une grande pierre d'achoppement pour reconnaître les autres bienfaits que Dieu fait pour vous. Ne soyez pas ingrats, vous avez ce que les autres n'en ont pas. Arrivés au ciel, personne ne vous demandera pourquoi vous n'étiez pas mariés ou vous n'aviez pas d'enfants. Si Dieu vous le donne, gloire lui soit rendue, et si vous ne les avez pas, sachez que cette situation est temporaire et nous auront une éternité à vivre dans la joie du Seigneur. En tout ce qui vous arrive, soyez prêts à accepter la volonté de Dieu et résister le diable dans toutes ces activités.

Pourquoi être prisonnier d'une situation pendant que vous avez le pouvoir d'en devenir libre en la confiant au Seigneur. Matt 11 :28 « Venez à moi, vous tous qui êtes fatigués et chargés, et je vous donnerai du repos ». Notre vie ne nous appartient plus, nous sommes la propriété du Seigneur. Vous avez été rachetés à un grand prix ; ne devenez pas esclaves des hommes 1Cor7 :23 Que Le Seigneur soit le sujet de joie des orphelins et des affligés. Dieu est leur richesse.

Les souffrances demeurent, lorsqúon les permet dans les pensées. Réjouissez-vous quand vous êtes accusés faussement, quand vous êtes humiliés sans cause connaissant que toute arme forgée contre vous sera sans effets. Esai 54 :17 Nous sommes des pèlerins sur cette terre, toutes ces situations sont éphémères, la joie éternelle nous attend et toutes les lamentations seront terminées. « Il essuiera toute larme de leurs yeux, et la mort ne sera plus, et il n'y aura plus ni deuil, ni cri, ni douleur, car les premières choses ont disparu. »AP 21 :4 Ainsi frères et sœurs dans Le Seigneur demeurons inébranlables dans la foi et cessons de se faire pitié (self-pity). La pitié de soi est un esprit qui crée des souffrances imaginaires, nous devons le résister et le chasser dans notre vie. Nous devons être forts dans Le Seigneur. « Au reste, fortifiez-vous dans Le Seigneur, et par sa force toute-puissante. Revêtez-vous de toutes les armes de Dieu, afin de pouvoir tenir ferme contre les ruses du diable. Eph 6 :10-11

Lisons ce que la bible nous parle sur la satisfaction ; C'est en effet, une grande source de gain que la piété avec le contentement ; car nous n'avons rien apporté dans le monde, et il est évident que nous n'en pouvons rien emporter ; si donc nous avons la nourriture et le vêtement, cela nous suffira. Mais ceux qui veulent s'enrichir tombent dans la tentation, dans le piège, et dans beaucoup de désirs insensés et pernicieux qui plongent les hommes dans la ruine et la perdition. Car l'amour de l'argent est une racine de tous les maux ; et quelques uns, en étant possédés, se sont égarés loin de la foi, et se sont jetés eux-mêmes dans bien de tourments. Pour toi, homme de Dieu, fuis ces choses, et recherche la justice, la piété, la foi, la charité, la patience, la douceur. Combats le bon combat de la foi, saisis la vie éternelle, à laquelle tu as été appelé, et pour laquelle tu as fait une bonne confession en présence d'un grand nombre de témoins. 1 Tim 6 ; 6-12

AFFLIGES MAIS SOULAGES PAR DIEU

Dieu permet quelques souffrances pour sa gloire mais toujours Il a su comment consoler ses serviteurs. Job ne méritait pas les afflictions qúil avait connues. Dieu témoigne dans sa parole qúil était le plus intègre et droit de son temps et Il le vantait devant le diable. Job 1 :1,8 Ce dernier savait que Job allait outrager Dieu en perdant sa possession et ses enfants et sa santé, mais Dieu s'est tiré la gloire par la persévérance de Job contre les projets de Satan. Ne l'as-tu pas protégé, lui, sa maison, et tout ce qui est à lui ? Tu as béni l'œuvre de ses mains, et ses troupeaux couvrent le pays. Mais étends ta main, touche à tout qui lui appartient, et je suis sûr qúil te maudit en face. L'Eternel dit à Satan : Voici, tout ce qui lui appartient, je te les livre ; seulement ne porte pas la main sur lui. ...En tout cela, Job ne pécha point et n'attribua rien d'injuste à Dieu. Job 1 :10-12,22

MUHUBIRI ADD UVIRA

Il est à noter que lorsque vous êtes dans des situations pénibles, ne faites pas sortir des paroles inutiles contre tout le monde et contre Dieu, persévérez jusqúà la fin. Laissez Dieu terminer son dessein ; si il faut mourir pour Le Seigneur, ce serait pour votre avantage parce que le vouloir ou pas, un jour vous quitterez cette terre. Mais celui qui meurt pour le dessein de Dieu aura une couronne de vie. AP 2 :10 Jacques 1 :2-4

Job a enduré jusqúà la dernière minute et finalement Dieu avait doublé tout ce qúil avait perdu. Job 42 :10-17

La bible nous dit comment Dieu avait rendu Anne stérile dans 1Samuel1 :5. Sa rivale lui prodiguait les mortifications, pour la porter à s'irriter de ce que L'Eternel l'avait rendue stérile. Si Peninna pouvait connaitre l'avenir de sa rivale, elle allait se taire définitivement, malheureusement les hommes considèrent que le présent. Je dis ceci parce que le seul fait de mettre Samuel au monde fut pour Anne un grand succès ; Personne ne parla plus de Peninna et de ses enfants.

Qúa fait Anne dans ses afflictions ? ...elle pria L'Eternel et versa des pleurs. Elle fit un vœu, en disant : Eternel des armées ! Si tu daignes regarder l'affliction de ta servante, si tu te souviens de moi et n'oublie point ta servante, et si tu donnes à ta servante un enfant mâle, je le consacrerai à L'Eternel pour tous les jours de sa vie, et le rasoir ne passera pas sur sa tête.... Eli pensa qúelle était ivre... Anne répondit : Non mon seigneur, je suis une femme qui souffre en son cœur, et je n'ai bu ni vin ni boisson enivrante ; mais je répandais mon âme à L'Eternel... Eli reprit la parole et dit : Va en paix, et que le Dieu d'Israël exauce la prière que tu lui as adressée !...Dans le cours de l'année, Anne devint enceinte, et elle enfanta un fils, qúelle nomma Samuel, car, dit-elle, je l'ai demandé à Dieu. ... Lorsque l'Eternel eut visite Anne, elle devint enceinte, et elle enfanta trois fils et deux filles. 1Samuel1 :10-17,20 1Samuel 2 :21

Les prophètes tels qúESAIE, JEREMIE, EZECHIEL ET DANIEL N'ONT PAS RENIÉ DIEU A CAUSE DES SOUFFRANCES.

Esaie était obligé de porter les habits de sac, après ce fut de rester nu pendant des années ESAIE 20 :2-3

JEREMIE était en prison beaucoup de fois mais Dieu le sauvait toujours. JEREMIE 20 :2,14-18 36 :5 37 :15,18-20, 38 :6-8 , 40 :5

EZECHIEL fut conduit dans des endroits très effrayants et Dieu lui avait ordonné de manger le pain cuit avec des excréments de vache et il se laissait dans la volonté de Dieu malgré lui. EZE : 3 :14-15, 25-27, 4 :1-15 les chaines ne lui disaient plus rien.

Daniel avait négligé ce que les autre appelleraient bénédictions, manger la nourriture royale ; Il a prit le péché d'Israël comme le sien. Personne ni la mort pouvaient l'enfreindre de faire la volonté de Dieu. Ainsi il a fermé par la puissance divine les gueules des lions affamés. Dan 6 :10-11,19-28

Dieu les écoutait et toutes les paroles qúils prophétisaient étaient exactes et produisirent des manifestations selon leurs prophéties. Ils voyaient ce que les autres humains ne percevaient pas ; ils voyageaient dans L'Esprit pour visiter les merveilles de Dieu.

Tous les apôtres ont passé par plusieurs afflictions mais Le Seigneur ne les avait pas oubliés, ils auront de places privilégiées dans le royaume de Dieu. Personne d'entre eux n'a renié la foi malgré les dures épreuves qúils endurèrent jusqúà accepter de mourir pour l'évangile. Tous furent des hommes comme nous.

Ceci nous appelle nous tous, d'être prêts à souffrir pour la gloire de Dieu et Il nous consolera.

Réjouissez-vous et soyez dans l'allégresse, parce que votre récompense sera grande dans les cieux ; car c'est ainsi qúon a persécuté les prophètes qui ont été avant vous. Matt 5 :12

. . . car il vous a été fait la grâce, par rapport à Christ, non seulement de croire en lui, mais encore de souffrir pour Lui. Phil 1 :29

Or, tous ceux qui veulent vivre pieusement en Jésus seront persécutés. 2 Tim 3 :12

LE MINISTERE

Il commence avec Dieu, évalué par Dieu, grandi avec la puissance divine et dirigé par la volonté de Dieu. Il est pour l'objectif divin et pour son but.

RHEMA LUBUMBASHI

Eze 22 :30 « Je cherche parmi eux un homme qui élève un mur, qui se tienne à la brèche devant moi en faveur du pays, afin que je ne le détruise pas ; mais je n'en trouve point

Lorsque le besoin de Dieu sur quelque chose se manifeste, Il a toujours cherché parmi les hommes un « Leader » un

« Visionneur » un « Commissionnaire », Il l'équipe lui-même malgré ses faiblesses et malgré sa situation et ensuite Il l'envoie. Dieu connait la raison ultime Lui-même ; Vous ne pouvez pas lui demander pourquoi Il a choisi Moïse qui fut assassin, David qui fut un assassin et un adultère, Elie un méchant qui a commandé le feu pour embraser toute une armée innocente et lui-même a tué les prophètes de Baal.

Le ministère spirituel est différent du profane par son onction spéciale que Dieu pourvoit en vue d'accomplir son projet qúil introduise dans son serviteur en tant que rêve ou vision céleste. Ces visions ou rêves ne sont pas pour l'orgueil ou de compétions mais pour le dessein de Dieu. Vous pouvez être pasteur ou ministre de Dieu sans avoir les mêmes grâces. Et chacun est appelé pour un tel accomplissement d'après le choix de Dieu qui est le propriétaire du travail.

Une autre différence est que Dieu vise ses propres intérêts et sa propre gloire. Son travail est fait ayant ces facteurs : FIDELITE, SAINTETE, L'AUTORITE DIVINE ET LA THEOCRATIE ET NON LA DEMOCRATIE. Chaque pays a sa constitution mais tous les serviteurs de Dieu utilisent une seule bible qui est considérée comme la constitution divine. Si vous n'avez pas beaucoup d'informations concernant la parole de Dieu vous pouvez vous détruire vous-mêmes par votre possession. Les talents et les dons, si vous ne les utilisez pas pour la gloire de Dieu, ce sera pour votre perte. L'argent et le renom peuvent vous tuer si vous ne savez pas discerner le bien et le mal. Toutes ces choses sont pour le service et non pour s'enorgueillir et se vanter. L'arche de l'alliance était une bénédiction pour Israël mais une malédiction pour les Philistins. Le nom ou le titre que Dieu ne vous avait pas donnés est une malédiction pour vous. 1Samuel 5 et 1Samuel 6

Mon cher bienaimé et ma chère sœur. Le temps est très court dans ce monde, bien que nous l'ayons choisi sans effort comme notre lieu de réjouissance. Cette analogie est fausse et n'a pas des racines permanentes. Nous sommes tous des pèlerins et nous allons quelque part, le vouloir ou pas notre choix ne nous créera soit la joie éternelle ou les regrets éternels.

Salomon, un roi très célèbre et très riche et sage, après avoir palpé toutes les réalités terrestres a déclaré : Vanité de vanité, tout est vanité.

(12:10) Vanité des vanités, dit l'Ecclésiaste, tout est vanité.

4   parce que la parole du roi est puissante; et qui lui dira: Que fais-tu?

5   Celui qui observe le commandement ne connaît point de chose mauvaise, et le cœur du sage connaît le temps et le jugement.

6   Car il y a pour toute chose un temps et un jugement, quand le malheur accable l'homme.

7   Mais il ne sait point ce qui arrivera, et qui lui dira comment cela arrivera?

8   L'homme n'est pas maître de son souffle pour pouvoir le retenir, et il n'a aucune puissance sur le jour de la mort; il n'y a point de délivrance dans ce combat, et la méchanceté ne saurait sauver les méchants.

9   J'ai vu tout cela, et j'ai appliqué mon cœur à tout ce qui se fait sous le soleil. Il y a un temps où l'homme domine sur l'homme pour le rendre malheureux.

10   Alors j'ai vu des méchants recevoir la sépulture et entrer dans leur repos, et ceux qui avaient agi avec droiture s'en aller loin du lieu saint et être oubliés dans la ville. C'est encore là une vanité. L'Ecclésiaste, 8:4-10

La famille de Joseph et la sainte Marie, a reçu un être suprême. Ils étaient très heureux de voir le salut dans leur propre maison. Un don de Dieu pour l'univers, annoncé par des anges et naquit miraculeusement. Mais comme l'homme se fatigue vite de tout acquit, une négligence engendra l'oubli de cet être très précieux jusqu'à le perdre pendant trois jours. Celui qui était perdu n'était pas une autre personne mais le Fils de Dieu mis à la gérance de cette famille.

Ils croyaient qúils avaient Jésus avec eux , mais ce n'était que des pensées.

C'était une routine d'aller chaque année à la fête de Pâques mais cette fois Jésus leur avait prouvé qúil ne devait pas être dans la routine, mais dans la volonté de Dieu. Marie et Joseph et ses compagnons de route avaient leurs habitudes de partager les paroles religieuses après la fête qui n'intéressait pas Jésus-Christ jusqúà ce qúil les a abandonnés.

Beaucoup de ministres de Dieu croient avoir toujours Jésus dans leur ministère mais ce ne sont que des pensées de routine. A cause de leurs négligences aux petites choses, Jésus n'est plus avec eux. La meilleur des choses serait d'aller le trouver où ils l'ont abandonné.

Le langage juridique dit : nul n'est au dessus de la loi. Ce même langage s'applique à l'œuvre de Dieu, nul n'est au-dessus de la volonté de Dieu. Nul n'est au-dessus de la parole de Dieu.

41   Les parents de Jésus allaient chaque année à Jérusalem, à la fête de Pâque.

⁴² Lorsqúil fut âgé de douze ans, ils y montèrent, selon la coutume de la fête.

⁴³ Puis, quand les jours furent écoulés, et qúils s'en retournèrent, l'enfant Jésus resta à Jérusalem. Son père et sa mère ne s'en aperçurent pas.

⁴⁴ Croyant qúil était avec leurs compagnons de voyage, ils firent une journée de chemin, et le cherchèrent parmi leurs parents et leurs connaissances.

⁴⁵ Mais, ne l'ayant pas trouvé, ils retournèrent à Jérusalem pour le chercher.

⁴⁶ Au bout de trois jours, ils le trouvèrent dans le temple, assis au milieu des docteurs, les écoutant et les interrogeant.

⁴⁷ Tous ceux qui l'entendaient étaient frappés de son intelligence et de ses réponses.

⁴⁸ Quand ses parents le virent, ils furent saisis d'étonnement, et sa mère lui dit: Mon enfant, pourquoi as-tu agi de la sorte avec nous? Voici, ton père et moi, nous te cherchions avec angoisse.

⁴⁹ Il leur dit: Pourquoi me cherchiez-vous? Ne saviez-vous pas qúil faut que je m'occupe des affaires de mon Père?

⁵⁰ Mais ils ne comprirent pas ce qúil leur disait.

Beaucoup d'enfants de Dieu n'ont pas encore compris la mission du ministère spirituel. Souvent nous voulons imiter le monde, c'est-à-dire, la façon de vivre, et aussi la manière de nous positionner selon la chair. La poursuite des gains et la gloire de ce monde. La façon de nous faire très chargé des occupations sociales et lucratives de telle sorte que nous manquons le temps de nous entretenir avec Jésus. Ce fut une de cause aussi que Jésus s'était retranché de sa famille, on l'avait oublié bien que sa présence ne devait pas être inaperçue. C'est lui qui devait être gardé plus que les autres choses.

Nous devons comprendre que notre réussite ne se trouve pas sur le nombre des églises et sur les biens que nous possédons ou le nombre des membres que nos églises regorgent. Notre réussite consiste sur la façon spirituelle dont nous gérons les talents de Dieu. Notre réussite consiste de comment est notre relation avec Jésus. Notre réussite consiste de la façon dont nous gardons nos valeurs spirituelles et du sacrifice quotidien pour être agréable à Dieu.

Tous, nous sommes interpellés de nous examiner si nous avons toujours Jésus. Une chose est certaine, tout le monde peut bien garder sa religion et Satan ne le troublera jamais, d'ailleurs il l'aidera à trouver le succès de ce monde ayant les grands rêves et des visions charnelles. Dieu veut que nous partions partout ayant ses visions et les partager avec les autres. Ces derniers moments, Satan propose aux ministres de Dieu la richesse facile, le succès et la domination. Beaucoup ont accepté cette offre bien qúils continuent à prêcher et à produire des merveilles. Moi-même j'ai été sollicité mais je n'ai pas voulu les écouter. On vous présente le monde et sa gloire. On vante vos qualités et vous présente un moyen facile et scientifique de dominer le monde en participant dans la société secrète.

Satan connait que ses jours veulent toucher à sa fin, il fait tout pour séduire les grands serviteurs de Dieu connaissant qúune fois réussi, un grand nombre sera dévié de la vraie mission de Dieu. Celle d'amener les âmes à Jésus-Christ par la repentance. Celle de nous garder dans la sainteté et d'éviter la corruption de ce monde. Et aussi d'avoir la destination ultime d'arriver au ciel. Satan utilise puissamment cette stratégie de séduction présentée à notre Seigneur après son jeûne de 40 jours.

5   Le diable, l'ayant élevé, lui montra en un instant tous les royaumes de la terre,

6   et lui dit: Je te donnerai toute cette puissance, et la gloire de ces royaumes; car elle m'a été donnée, et je la donne à qui je veux.

7   Si donc tu te prosternes devant moi, elle sera toute à toi.

8   Jésus lui répondit: Il est écrit: Tu adoreras le Seigneur, ton Dieu, et tu le serviras lui seul. Luc, 4 :5-8

Combien de serviteurs de Dieu qui ont plié leurs genoux devant Satan pour avoir la puissance et la gloire de ce monde ? Combien qui ont privilégié le message de l'argent que la sainteté ? Soyons vigilants et veillons sans cesse car personne ne connait ni le jour ni l'heure que Le Fils de Dieu viendra prendre son épouse. Ce sera une gloire méritée, une joie éternelle préparée par Dieu seul pour ses élus. Si vous êtes appelés dans le ministère, sachez que vous serez payés un jour et Dieu est un bon payeur. Il n'oubliera jamais le moindre détail de vos activités.

Mes chers frères et sœurs, je vous écris ce message pour vous rappeler que nous sommes sur cette terre mais notre concitoyenneté est au ciel. Nous ne devons pas nous identifier à ce monde qui passera et tout qui l'entoure. A un certain âge le corps commence à nous faire de la peine partout ; tantôt c'est le dos, tantôt les muscles ou les intestins. La médecine bien que développée n'arrive pas à fixer complètement le problème. Nous avons une seule place où nous n'aurons plus des douleurs et des surprises de tsunami ou Katrina. Le ciel sera la rétribution équitable à tous qui ont accepté de marcher avec Jésus malgré la séduction de ce monde. Femmes, soyez soumises à vos maris, le premier ministère de la femme est son maris. Jérémie 31 :22

Maris, aimez vos femmes et ne les appuyez pas dans la désobéissance à la volonté de Dieu, comme Adam fut séduit. Enfants, obéissez à vos parents, c'est de cette façon que vous aurez de bénédiction. Les Récabites ont été bénis par Dieu parce qúils ont observé dans toute leur vie la parole de leur Père, ils ne sont pas allés ni à gauche ni à droite. Jérémie 35. Ephesiens5 :22-24, 25-26, 6 :1-4

Nous devons faire tout ce qui est à notre pouvoir pour faire respecter la parole de Dieu. Accepter ou pas c'est la parole de Dieu. Renverser l'ordre divin c'est détruire les racines de bénédictions. Et ma grande bénédiction c'est de pouvoir entrer dans le royaume des cieux. Collègues serviteurs, n'oublions pas que le ciel existe et tous les ennemis de la croix n'y arriveront jamais bien qúils en parlent et le proclament. La proclamation sera faite par Dieu Lui-même. Je ne voudrais pas que moi ou vous, nous soyons refusés, nous avons encore la grâce de nous repentir. Il est vrai que le monde nous souille par beaucoup d'imitations mondaines qui ne plaisent pas à Dieu.

Nous avons été engagés par Dieu pour le servir dans l'amour, l'humilité et avec la compassion, malheureusement nous sommes devenus des Seigneurs. Les barrières ont été érigées par nous mêmes et par nos fanatiques pour ne plus recevoir et écouter les affligés et les abandonnés. Nos téléphones reçoivent avec discrimination. Il est facile de voir un officiel qúun serviteur de Dieu rassasié. Revenons à la raison, Jésus est laissé quelque part, nous devons faire tout pour le retrouver, sinon notre ministère ne fera que creuser notre ruine.

Luc 9:23-25 (Louis Segond)

[23] Puis il dit à tous: Si quelqúun veut venir après moi, qúil renonce à lui-même, qúil se charge chaque jour de sa croix, et qúil me suive.

[24] Car celui qui voudra sauver sa vie la perdra, mais celui qui la perdra à cause de moi la sauvera.

[25] Et que servirait-il à un homme de gagner tout le monde, s'il se détruisait ou se perdait lui-même

MAMANS RHEMA.P.BUKAVU

LE SUCCES

Le succès de tout projet dépend du sérieux y affecté : Proverbes 12 :11 Celui qui cultive son champ est rassasié de pain, mais celui qui poursuit les choses vaines est dépourvu de sens. Proverbes 21 :5 Les projets de l'homme diligent ne mènent qúà l'abondance, mais celui qui agit avec précipitation n'arrive qúà la disette. L'échec pourra être lu facilement quand les gents ne connaissent pas leur priorité et les secondaires. Si la procédure est dictée de l'extérieur les conflits seraient inévitables ; les pharisiens voulaient que Jésus soit comme eux, chose qui fut impossible. Le Seigneur voulait à tout moment remplir la volonté de son Père. Si vous ne pouvez pas croire à quelqúun il serait sage de ne pas travailler avec lui.1Cor 4 :1-2 La confiance fait que les gents travaillent avec joie et l'enthousiasme.

Vous n'avez pas à considérer les faits extérieur pour construire la confiance, expérimentez- la, vous-mêmes, si vous voulez l'assistance réelle de votre partenaire ; beaucoup de gents sont jaloux, ils ne donnent pas l'appréciation suivant d'autres éléments cachés et isolés. Si vous n'êtes pas qualifié à faire une sélection, ne soyez pas pressé, prenez votre temps nécessaire avant de mettre à jour votre équipe de travail. Les statuts et les règlements d'ordre intérieur doivent être très clairs afin qúils créent à chacun le sentiment de considérer qúils leur appartiennent et ils les acceptent volontiers. Chaque effort affecté au projet est un pas vers le succès. Le succès est le produit du sacrifice quotidien, c'est la réponse d'une bonne conscience et d'une bonne foi Galates 6 :7   Nous sommes redevables de tout ce que nous faisons, il est nécessaire de renouveler nos pensées par la vérité divine. Notre priorité matinale serait de nourrir nos pensées par les paroles de la foi.

La sélection de Jésus –Christ est idéale, il a choisi 12 disciples ayant 12 caractéristiques différentes. Il n'a pas cherché des recommandations ni les favoritismes mais les hommes droits suivant le but ultime de sa mission. Même Judas Iscariote fut choisi pour remplir sa mission de vendre Le Seigneur. Après avoir choisi ses disciples Il leur avait donné sa vision. Toutes les équipes dans le ministère sont des disciples ou élèves qui deviendront plu tard des assistants, après ils deviendront des missionnaires. Il ne faut jamais chercher un assistant .

La première chose à faire dans les disciples est de leur expliquer clairement votre vision qui sera leur priorité, et si par hasard une personne ne veut pas y adhérer , il doit être écarté sans délais. Il ne faut pas avoir de sentiment ou émotion à une personne de ce genre, parce qúau fait c'est lui qui sera le premier destructeur et l'assassin du ministère. La création de l'équipe dans un ministère est différente de celle d'une église. Dans l'église tous sont acceptés mais dans le ministère tous sont choisis selon leurs capacités et travail.

LA VICTOIRE ET L'EXISTENTIALISME

Dans le domaine spirituel, c'est toujours les idées qui peuvent être l'origine de la victoire ou de la défaite. Ceci dépend de comment on considère le monde et son contenu. Personne ne peut prétendre d'être vainqueur quand il est lié quelque part, un esclave est toujours dépendant. Il est vrai aussi que sans une totale protection, la liberté n'est qúun slogan. L'homme fort peut en tout moment vous attaquer et faire de vous tout ce qúil veut. Luc 11 :20-23 Le besoin d'un extrêmement puissant est nécessaire pour vous mettre là l'abri des autres forces. Sinon, vous êtes dans une liberté provisoire parce que l'homme fort, connaissant vos faiblesses vous liera sans résistance.

RHEMA PAPA KATANGA

Jésus-Christ n'avait aucune faiblesse et il ne dépendait pas de sa propre volonté mais de celui qui l'a envoyé. Il ne pouvait en aucune raison accepter les sollicitations de l'ennemi. Il le connaissait et Il savait que la seule façon de le triompher rapidement est de refuser toutes ses propositions quoiqúelles fussent fascinantes. Satan ne trouva aucune ouverture de lier mon Seigneur. Il dit au diable non pas par émotion mais la vérité selon la volonté de son Père dont la parole de Dieu. « Il est écrit et Le Seigneur lui rétorqua Il est aussi écrit ». Matt 4 :6-7

L'homme au contraire parle en suivant ses propres émotions et désirs. Souvent Il n'a pas besoin de connaitre la volonté de Dieu quand ses intérêts sont en jeu. Nous devons cesser d'être conduits par les besoins et les désirs, sachant que Dieu a beaucoup de voies pour nous les donner sans rejeter sa volonté. Il est vraiment regrettable de réaliser que certains enfants de Dieu ferment les yeux spirituels en rejetant la volonté de Dieu pour les facilités. Nous ne pouvons pas vaincre ce monde par la satisfaction de la convoitise de la chair, la convoitise des yeux, et l'orgueil de la vie 1 Jean 2 :16-17, ceci ne vient pas de Dieu.

Toutes les fois, les convoitises déçoivent, mais la volonté de Dieu est une arme puissante pour vaincre toutes les situations. Aussi longtemps que vous allez combattre pour avoir votre propre gloire, sachez qúau départ vous avez un grand échec, mais si vous y allez pour la gloire de Dieu, vous serez aussi élevé et honoré. Daniel ne cherchait jamais la gloire mais en faisant toujours la volonté de Dieu, il fut à tout moment élevé et respecté malgré les dures épreuves qúil avait subies. Dan 6 :10-11,24-28 Elie et Elisée furent de grandes personnalités parce qúils faisaient uniquement ce que voulait Dieu. Tous les apôtres de Jésus ont des mérites jusqúaujourd'hui parce qúils demeuraient dans la parole de Dieu. La mort ne les effrayait pas ni les tortures, ils craignaient Dieu et ils faisaient tout pour le glorifier.

La peur de la honte et de la perte de la gloire ou possession à cause de la volonté de Dieu font que beaucoup transgressent les lois divines. C'est dans des occasions pareilles, où nous devons montrer notre attachement à Dieu et lui donner gloire comme ont fait Schadrac, Meschack, et Abed Nego. Daniel 3 :16-17,24-30 Parler de la foi est une bonne chose mais il serait mieux de la pratiquer quand on entre dans les situations difficiles. Combien de chrétiens qui mentent au tribunal, à l'immigration et dans le business ? Ils sont nombreux et se donnent raison. Alors, ma question est la suivante ; Quand est ce qúon sera mûr spirituellement avec cette mentalité ? Comment deviendront nous la lumière ou le sel selon la demande de notre Seigneur ? Matt 5 :13-18 Ne vous mettez-pas en colère frère et sœur, c'est la parole.

L'esprit de la médisance et de calomnie divise aussi les enfants de Dieu et cause leurs échecs. La médisance est comme le péché de la sorcellerie et elle lie de milliers des chrétiens. Si nous voulons aspirer à la victoire nous devons être fidèles à Dieu même aux petits détails de notre vie. Les convoitises et l'orgueil de ce monde ne sont que vanité. Dieu a déjà fait une offre à toute créature de sa protection totale mais le prix à payer est la totale obéissance à sa parole. Le malheur en est que l'homme rejette toujours Dieu dans ses décisions charnelles comme fut Israël. Israël avait la protection totale et la faveur divine, mais il arrivait souvent d'oublier le vrai Dieu et adora les dieux des étrangers, ceci causa la colère de Dieu qui le punissait sévèrement. JUGES 10 :6-18 Si Dieu l'a fait à son peuple, croyez-vous que nous nous échapperons à ses châtiments si nous le rejetons ?

EXISTENTIALISME

En réalité, rien ne peut exister par soi-même ou par sa volonté. Tous ont été créés et tous sont sujets au changement et aux altérations. Les grands noms, la gloire et les célébrités ainsi que la misère et difficultés peuvent aller dans un sens contraire et n'auront plus de souvenir. Dieu Lui-même est souverain et Il n'est pas limité en tout, et c'est Lui qui peut faire de quelqúun une valeur. Pour garder la crédibilité, il faut savoir que c'est Dieu qui est le propriétaire de toutes choses ; Il peut se décider d'élever ou d'abaisser et on doit rester sous son autorité à tout moment. Dieu aime nous diriger si on le lui permet. Il veut nous apporter d'autres éléments si on reste ferme et inébranlable dans la présente position. Mais si par ma possession je deviens hautain, Il attend que je me repente pour mériter une autre mesure de grandeur. Dieu ne fait acception de personne, en acceptant et en réalisant ses principes, Il se manifeste comme Il veut. Dieu est le protecteur et défenseur de ceux qui l'acceptent et ses principes. Et chacun est libre de choisir qui le dirigera.

Au fait par Lui existe les choses avant leur création ; Tout existe provisoirement sauf Lui-même et sa parole. Le développement et la civilisation ainsi que les puissances du monde sont pour un temps limité, un autre se prépare à prendre place. Si on est conduit par ce qúon voit on ne sera jamais satisfait. Chaque année les nouveaux modèles, les nouvelles personnes, les nouvelles inventions apparaissent ; votre cœur ne pourra avoir de satisfaction si vous ne voulez pas vous confier à Jésus qui est le prince de paix. En Lui réside toute la plénitude de Dieu et toutes choses ont été faites par Lui et rien de ce qui a été fait n'a été fait sans Lui Jean 1 :3

L'interprétation de la vie vient à travers la tradition et la culture mais celles-ci sont souvent trompeuses. La main de diable se cache derrière ces éléments et sans référence à la parole de Dieu on sera pris dans son piège. Le monde appartient à Dieu et non au diable et la satisfaction charnelle n'est pas une réelle bénédiction ; celle-ci se fait quand on se donne à tout ce qui édifie l'esprit.

La victoire est le résultat des efforts spirituels quotidiens pour vaincre les passions et ses cupidités sous toutes ses formes. Les enfants de Dieu doivent faire les exercices de tuer les convoitises et résister les désirs charnels en discernant ce qui est agréable à Dieu. Que la jalousie et les compétitions mondaines ne vous fassent pas maudire les autres. Ne volez-plus la gloire de Dieu mais au contraire, glorifiez-Le dans toute situation, ensuite vous aurez une vision réelle de l'existence qui est éternelle. Accepter avec joie certaines circonstances où Dieu veut vous faire passer, sachant qúil ne va pas vous y laisser seul. Même si elle prend du temps, persévérez jusqúà la fin vous verrez la gloire de Dieu. Esai 40 :15-18, 28-31 41 :10-15 43 :1-6

Une personne se trompe en pensant qúil peut décider sur le sort de son prochain éternellement, tout homme est limité. Si tout n'existe pas éternellement, pourquoi vous vanter à cause d'une ombre qui n'est que vanité ? Effectivement c'est une folie, le fait de se livrer aux plaisirs de ce monde, ils n'existent pas en réalité mais c'est une imagination trompeuse elle n'est pas permanente. Le cœur n'est jamais rassasié de ces folies ; il en voudra encore jusqúà la destruction. Galates 5 :16-23

Imaginez-vous comment Haman avait le document de faire périr toute la communauté Juive mais par la puissance de Dieu

Il a été incapable de tuer un seul hébreu dont Mardochée. Esther, chapitres 5,6et 7   Sa décision se tourna contre lui-même. Il fut tué sans jugement ainsi que sa communauté. Le vrai possesseur est Dieu et celui qui a le dernier mot à dire. Alors pourquoi se vanter quand on n'a même pas le pouvoir sur son propre sort. Si HAMAN n'avait pas attaqué le peuple de Dieu, il vivrait avec sa famille mais malgré sa haute élévation dans son pays il devint une malédiction et un grand sujet de malheur à sa propre famille et à son peuple.

Dieu n'est un homme pour s'en moquer ; Il existe éternellement et Il juge ; tout est sujet au changement soit positif ou négatif. Craignez Dieu et Obéissez à sa parole pour vaincre.

LES OFFRANDES, LES SACRIFICES

Les offrandes ou les sacrifices sont essentiellement une partie dans le culte rendu à Dieu pour le reconnaître en tant que notre Dieu, celui qui nous a créés et aussi celui qui nous a rachetés. Au fait, tous nous étions perdus dans le péché et devrions mourir à cause de nos péchés mais Dieu par son amour nous a racheté par le sang de son Fils Jésus-Christ. C'est ici où nous devons savoir l'attitude que nous devons avoir avant d'amener nos offrandes devant Dieu. Jadis, c'était fait par un sacrificateur qui devait être sanctifié avant de sanctifier les offrandes. Ceci nous interpelle tous à revoir comment apporter les offrandes devant Dieu. La première chose est de reconnaître la grandeur de Dieu ; la deuxième est d'avoir les mains propres ou être saint et la troisième est de considérer la valeur de ce que nous présentons devant Dieu, et la dernière, l'attitude adorative que nous faisons en apportant ces offrandes. De fois les gents ne réfléchissent pas quand ils amènent les offrandes devant Dieu. Leurs offrandes deviennent une in jure à Dieu, un sabotage et une souillure. Si nous nous présentons sans ordre saint devant Dieu, nous pouvons être maudits.

Une personne qui a volé les biens d'autrui ne peut pas prétendre offrir à Dieu une souillure. L'argent ou les biens obtenus par des voies malhonnêtes sont considérés comme des souillures et sales devant Dieu. Les serviteurs de Dieu doivent faire attention à la provenance de ces biens sinon le faisant librement eux aussi partageront les conséquences de cette souillure. Ne voyez pas seulement les avantages, vous pouvez les vomir comme les enfants d'Israël avaient vomi les viandes passant dans leurs nez. Au fait le service d'offrande est sacré et tout qui est présenté doit être sans tâche, à partir de la personne qui offre jusqu'à toutes les opérations. Celui qui apporte l'offrande ou la dîme doit s'agenouiller devant le ministre de Dieu et celui-ci priera pour cette personne. Ne faites pas sortir de gros billets ensuite les passer à un de vos sujets pour offrir à Dieu ; ceci est une abomination. Venez vous-mêmes ayant la crainte de L'Eternel. Humiliez-vous devant Dieu pour qu'Il puisse vous élever. Esaie, 1 :11-13 Malachie 1 :6-14 Matt 5 :23-24 Esa 57 :11-13 Proverbes 15 :8 4 :8

FINANCE DANS L'ŒUVRE DE DIEU

Définition de la finance (par le patriarche Dr RAHA MUGISHO) la finance se définit par la manière ou l'état de posséder, de gérer, de gagner, de dépenser et de partager les biens.

Effectivement dans notre étude de finance, nous devons tourner autour de ces cinq grands points pour avoir une vision en la matière.

1. POSSEDER LES BIENS

Ceci signifie que l'appartenance revient à l'individu seul qui peut savoir définir l'utilisation ; tandis que pour les chrétiens, le propriétaire est l'Eternel qui doit être consulté pour toute décision. Aggée 2 :8 : « en effet, l'or et l 'argent du monde entier m'appartient ». Exode 9 :29 : « Moïse lui répondit : dès que je serai sorti de la ville, je lèverai les mains vers le Seigneur pour prier. Le tonnerre et la grêle cesseront, afin que tu saches que la terre appartient au Seigneur ». Lévitique : 25 :23 : « une terre ne pourra être vendue de manière définitive, car la terre m'appartient, à moi, le Seigneur, et vous serez comme des étrangers ou des émigrés installés dans mon pays ». Psaumes 50 : 10-12 « Car tous les animaux des forêts sont à moi, toutes les bêtes des montagnes par milliers ; Je connais tous les oiseaux des montagnes, et tout ce qui se meut dans les champs m'appartient. Si j'avais faim, je ne le dirais pas, car le monde est à moi et tout ce qúil renferme.

Il est sage de présenter tous les rapports financiers devant Dieu et attendre sa direction avant de se lancer dans les affaires (travail, don, legs, distribution). Dieu seul connaît la place où il est nécessaire d'investir. L'investissement peut produire des effets matériels et aussi spirituels donc, le calcul qúon doit faire pour avoir la balance va concerner les deux côtés (matériel et spirituel). NB : lorsque nous disons matériel c'est-à-dire qúil y a les intérêts matériels qúon doit produire. Deuxièmement, lorsque nous disons « spirituel », nous entendons l'édification spirituelle, gagner les âmes à JESUS -CHRIST. Grosso modo, investir pour que la volonté de Dieu, d'après Mathieu 28 :19-20, soit réalisée. Etant donné que le propriétaire de ces biens est l'Eternel, nous devons être souple d'agir selon sa volonté.

DIPLOME DU DOCTORAT

2. GERER

Ceci signifie que la confiance du propriétaire est placée en celui-ci(le gérant) pour marcher selon ses normes et ses avis.

Le gérant est le protecteur des biens d'une personne. Il doit s'abstenir de l'utilisation d'après son gré ; mais par contre, c'est son salaire qúil peut en user. (Il donne et s'engage selon l'ordre du propriétaire).

Chaque serviteur de Dieu doit se fixer un salaire bien que d'immenses biens soient mis à sa disposition. Exemple de l'évangéliste BILLY GRAHAM, son association détient des richesses immenses, il ne les utilise pas à son gré. Il s'est fixé un salaire auquel il peut satisfaire tous ses besoins ; En ce qui concerne le ministère, les fonds sont destinés à chaque travail.

Le salaire doit être fixé en tenant compte du coût de vie du milieu. Le gérant ne doit pas faire n'importe quel engagement étant donné que ces biens ne lui appartiennent pas et ils ont été donnés pour des objectifs déterminés.

Les dettes abîment les relations et font couler la société. Proverbes : 22 :7 « Le riche domine sur les pauvres, et celui qui emprunte est l'esclave de celui qui prête ». Nous lisons comment les fils d'un serviteur de Dieu allaient être vendus à cause des dettes qúil a laissées à sa mort. 2 Rois 4 :1-7

Ainsi, il doit faire attention aux dettes.

La fidélité et l'intégrité sont exigées pour tout ce qúil fait.

Nous tous, sommes des gérants de DIEU et nous devons nous assujettir à sa volonté pour tout ce que nous faisons.

3. GAGNER

- Un intendant chrétien doit gagner de l'argent en travaillant Eph 4 :28, 2Tim 2 :5-6

- L'Apôtre PAUL enseigne aux croyants de travailler: 2Thessaloniciens 3 :10-12,

« En effet, quand nous étions chez vous, nous vous avons déclarés : celui qui ne veut pas travailler ne doit pas manger non plus ». Nous vous parlons ainsi parce que nous apprenons que certain d'entre vous vivent en paresseux, sans rien faire que de se mêler des affaires des autres. A ces gens là nous demandons et recommandons ceci au nom du Seigneur Jésus Christ ; qúils travaillent régulièrement pour gagner régulièrement leur vie. L'ouvrier même mérite son salaire. Luc 10 :7.

La paresse est à éviter dans le travail de Dieu ; elle n'amène que la misère. Proverbes 13 :4 ; 24 :30-34

Un intendant chrétien ne doit pas gagner de l'argent en accomplissant des actes malhonnêtes.

Un croyant ne doit pas gagner de l'argent de façons suivantes :

   a) En volant : Beaucoup de gens pensent que voler les riches est un acte de justice et ceci est très populaire ; mais la parole de Dieu ne fait aucune distinction Exode 20 :15, Eph 4 :28.

« Tu ne commettras pas de vol »exode 20 :15.

« Que celui qui volait cesse de voler ; qúil se mette à travailler pour gagner lui-même sa vie de façon honnête et savoir ainsi de quoi aider les pauvres ».Eph 4 :28.

b) En faisant des affaires malhonnêtes : d'aucun disent : « les affaires sont les affaires » et croient que tout est permis lorsque l'argent est en jeu. Ils ne voient aucune relation entre les affaires et la moralité. L'exploitation d'autrui, la spéculation, l'escroquerie et la fraude font partie de la malhonnêteté, et l'immoralité dans toutes ses formes.

c) En se livrant aux jeux, certaines organisations encouragent grandement la cupidité en montrant les moyens faciles de devenir riche en un jour, sans pour autant travailler en conséquence. (Carte omni modèle, dame, tombola, et tous les jeux illégaux). La vérité est que, quelques personnes deviennent riches au détriment des pauvres. Se livrer au jeu quel que soit la raison, c'est se corrompre soi-même car la base est le principe malhonnête de recevoir de grandes sommes d'argent sans investissement.

d)

- Tu mangeras ton pain à la sueur de ton front. Dieu n'a jamais favorisé la paresse ; mais au contraire, il encourage ceux qui travaillent sciemment. Ďailleurs, Paul, dans 2 Thessaloniciens 3 :10, nous dit : « si quelqúun ne veut pas travailler, qúil ne mange pas non plus ». encore une fois, la parole de Dieu nous montre qúelle exige que tout le monde travaille pour qúil ait le droit de manger. Beaucoup de gens veulent que la manne leur descende dans leur fauteuil ou dans leur lit : chose que Dieu hait (la paresse). Et ceux là, quand ils ne trouvent pas la réponse à leurs doléances, ils commencent à circuler dans les maisons des frères ou des sœurs pour quémander leurs besoins. Ceci est un acte honteux et indigne pour un enfant de Dieu. Cherchez à avoir le respect à votre personnalité. Soyez fournisseur au lieu de tendre toujours les mains comme un mendiant. Et si vous ne changez pas vous allez mendier tout le reste de votre vie. Regarder la nature que Dieu a créée et l'esprit de Dieu vous donnera une idée. Que cela soit les tomates, les choux ou les oignons que vous avez vus, vous pouvez être un grand représentant des choux dans votre milieu ou dans le monde. Commencez par une petite chose et soyez fidèle dans les dîmes et les offrandes, Dieu visitera votre compagnie ; il la bénira et la développera pour que vous soyez la tête et non la queue. Pensez les pensées de Dieu. Voyez comme Dieu voit. Ayez le désir ardent de servir le Seigneur avec vos biens. Vous verrez que, quand le temps de Dieu arrivera, tout le monde saura que la cloche divine a sonné. Maudissez l'esprit de mendicité, de parasitisme et apprenez que Dieu veut utiliser vos mains pour avoir vos besoins. Un pasteur ou un évangéliste paresseux est condamné à mourir dans des lamentations et des critiques tournées vers tout le monde. Mais tous les serviteurs de Dieu travailleurs n'ont pas à envier quelqú'un parce que toutes les promesses de Dieu se réalisent dans leur vie.

- Ici je parle de comment un serviteur doit organiser son travail tel que les prières, la lecture de la bible, l'évangélisation, Le suivi dans ministère et la consécration totale à Dieu. Beaucoup de ministres ont perdu la foi en Dieu et croient seulement qúils peuvent avoir les matériels en mendiant ; ainsi ils meurent dans l'esclavage et dans l'erreur parce qúils ont oublié les écritures. Nous, serviteurs de Dieu, nous devons savoir que notre source est uniquement Dieu. Reconnaissez que celui qui donne a le pouvoir à celui qui reçoit.

- C'est Dieu qui donne aux américains, aux européens, aux asiatiques et aux Africains. NB : Dieu sait là où il peut souffler le matériel. Ça peut être dans votre localité, dans votre ville ou ailleurs. Cela le concerne, étant donné qúil est la source de tout ce qui peut arriver. Ceci doit finir pour commencer à travailler sérieusement tout en nous fiant à Dieu et le résultat sera toujours positif et encourageant. « n'élevez pas si haut votre tête, ne parlez pas avec tant d'arrogance ! car ce n'est ni de l'orient, ni de l'occident, ni du désert, que vient l'élévation. Mais Dieu est celui qui juge : Il abaisse l'un, et il élève l'autre».Psaumes 75 :6-8. Un autre conseil très important : sachons, nous chrétiens différencier les « Business », l'Eglise et notre Maison.

Plan de conservation :

Trois comptes à respecter : compte des affaires, compte pour le travail de Dieu, et compte pour la famille. Beaucoup de chrétiens ne savent pas respecter les affaires. Ils amènent les blagues dans les business. Cela est contre la volonté de Dieu. Dieu veut que nous ayons la connaissance.

« Mon peuple est détruit, parce qúil lui maque la connaissance. Puisque tu as rejeté la connaissance. Je te rejetterai, et tu seras dépouillé de mon sacerdoce ; puisque tu as oublié la loi de Dieu, j'oublierai aussi tes enfants ». Osée 4 :6

Ce n'est pas parce que vous êtes chrétiens que vous devez vous en passer de la loi du Prix d'achat, Prix de vente et du Bénéfice. J'ai trouvé plusieurs chrétiens qui me posent cette question : « moi, je paie la dîme, je donne aussi les dons au serviteur de Dieu, à tout moment je participe aux collectes de l'église, mais je ne fais toujours que chuter. Donnez-moi la réponse à ce problème très sérieux ».

Mon explication est très nette :

1. Nous payons la dîme 1/10 ème de notre bénéfice ; pas de notre capital. Aux salaries, c'est 1/10 ème de leurs salaires et avantages.

2. Donner les dons aux serviteurs de DIEU, est un bon acte, cependant vous devez savoir précisément que c'est dans le bénéfice que vous pouvez organiser les dons de toutes espèces et non pas dans le capital, à moins que l'esprit de Dieu vous le demande.

3. Vous devez avoir un système modéré pour avancer. Si, volontairement, pour chaque entrée, vous improvisez des dons à tout chrétien qui se présente sous votre nez, sincèrement votre société sera en faillite.

4. Si vous avez un système raisonnable, vous pouvez même contribuer avec une grosse somme d'argent sans toutes fois connaître une chute suite à ces raisons.

    a) Connaître la loi du commerce, prix d'achat, prix de vente, bénéfice, prix de revient, perte.

b) Connaître les bénéfices réalisés. Ďautre chrétiens ne connaissent même pas le bénéfice réalisé parce qúils donnent, et la marchandise et ľargent.

c) En respectant les normes de Dieu et la loi du business, on verra la main de Dieu et on aura le témoignage vivant.

Travailler veut dire avoir une méthode, avoir des systèmes ou tactiques de travail. Si nous-mêmes, ne respectons pas notre travail, Dieu non plus ne ľagréera jamais. En plus, ce n'est pas Dieu qui viendra calculer les intérêts à notre place.

Ďautre disent : « pourquoi les infidèles ou les païens qui travaillent avec nous gagnent ; et nous, nous perdons ? » en bien, le Seigneur a donné la réponse.

2000 ans passés dans Luc 16 :8 : « le maître loua ľéconome infidèle de ce qúil avait agi prudemment, car les enfants de ce siècle sont plus prudents à ľégard de leur semblables que ne le sont les enfants de lumière ». Les enfants de ce siècle savent organiser leurs affaires. Ils ont de bons plans et peuvent savoir comment gagner intelligemment.

Pourtant, ľenfant de Dieu est prédestiné à réaliser plus de succès que les non croyants ; et les biens de ľincroyant sont prédestinés à servir le juste.

« Car il donne à ľhomme qui lui est agréable la sagesse, la joie mais il donne au pécheur le soin de recueillir et ďamasser, afin de donner à celui qui est agréable à Dieu. C'est encore là une vanité et la poursuite du vent ».Ecclésiaste 2 :26

Proverbes 13 :6-8,22

a) Dans le travail de Dieu, gagner signifie que les biens ont étés obtenus en utilisant une méthode de travail.

1. Offrande et dîme,

2. collecte,

3. réunion des fonds,

4. travaux payés et prestations payées, (travail individuel et collectif pour gagner les intérêts de l'église ou du ministère.)

5. travail offert pour le ministère, (nous allons nous limiter a ces cinq point que nous allons étudier particulièrement).

I. OFFRANDE ET DIME

L'offrande est la somme d'argent ou des objets que le chrétien donne dans tous les services de culte à l'église tandis que le 1/10 ème ou la dîme est la part de Dieu dans tout ce que nous percevons (1/10 ème du bénéfice pour le commerçant, 1/10 ème de salaire pour le travailleur).

Evaluation de la dîme

Si vous n'avez pas d'argent mais du bétail et des produits de la ferme, vous pouvez évaluer votre dîme comme le firent les israélites de l'Ancien Testament. Si, par exemple, vous avez eu 27 agneaux durant toute l'année, votre dîme sera de 3 anneaux. Si vous êtes travailleur indépendant, votre dîme consistera en 10% de votre revenu. Si votre revenu consiste en un salaire ou une pension, admettons

4800 $, votre dîme sera de 480 $, il se peut que vous ayez d'autres sources de revenu en plus de votre salaire comme les allocations familiales, des dons et autres. Vous devriez, normalement, donner aussi la dîme de ces différents revenus, car ce sont des bénédictions venant de Dieu ! Nous devons nous rappeler d'une chose très importante : celui qui sème peu moissonnera peu, et celui qui sème en abondance moissonnera en abondance (2 Cor 9 :6)

Bénédiction résultant de la pratique de la dîme

Dans Malachie 3 :10 « Dieu nous enseigne qúil déversera en abondance toutes sortes de bénédictions sur ceux qui apportent la dîme. Si vous doutez de cela, Dieu vous lance un défi : « mettez-moi de la sorte à l'épreuve ! »

Ceux qui pratiquent la dîme ne deviennent jamais pauvres en gardant le neuf dixième de leurs revenus pour satisfaire à leur besoins. Montrez-moi un croyant qui se plaint de ne pas avoir suffisamment pour vivre et je vous montrerai celui qui ne paie pas sa dîme au Seigneur. En réalité, ceux d'entre nous qui paient leurs dîmes savent par expérience que les neuf dixième avec la bénédiction de Dieu sont bien plus que les dix dixième sans elle. (Proverbes 3 :9). Finalement, il est important de considérer votre attitude lorsque vous donnez à Dieu.

Dans 2 cor 9 :7, nous lisons que nous devrions donner « sans tristesse ni contrainte, car Dieu aime celui qui donne avec joie ». Nous nous privons nous-mêmes de la pleine bénédiction que Dieu a pour nous lorsque nous sommes tristes de donner ou si nous donnons parce que nous devons le faire. Cependant, si nous donnons avec joie, dans un geste d'adoration et d'amour, nous ouvrons le chemin pour que Dieu puisse partager ses abondantes bénédictions avec nous.

NB : celui qui débute le travail doit enseigner obligatoirement aux gens comment payer la dîme et donner les offrandes. Si les gens ne donnent pas l'église sera malade. Quand les chrétiens voient que le pasteur est en train de travailler avec tout son cœur, et Il est intègre, ils se donneront à cœur à l'œuvre de Dieu. Les chrétiens connaissent quand leurs pasteurs sont en train de travailler pour l'argent ou s'ils sont en train de travailler pour Dieu avec tous leurs cœurs.

Quand le pasteur oblige leurs femmes de gagner de l'argent par le commerce en allant des villes en villes, vendant des produits, ils les exposent dans les tentations par les hommes. C'est mieux que le mari et la femme prient ensemble et croient en Dieu de pourvoir à tous leurs besoins. La femme du Pasteur ne doit pas avoir une occupation qui la séparera de son mari. **«Jusques à quand serras-tu errante, Fille égarée ? Car L'Eternel crée une chose nouvelle sur la terre : La femme recherchera (protégera) l'homme » Jérémie 31 :22**

C'est une mauvaise pratique qui entraine d'autres dangers spirituels. Nous devons avoir beaucoup de temps pour Dieu. Le pasteur doit donner le rapport de la trésorerie de l'église chaque mois de préférence les dimanches. Le pasteur doit aussi interdire aux chrétiens de donner de l'argent qui est refusé au marché et de faire l'échange dans le panier d'offrande.

II. COLLECTE

La collecte se fait occasionnellement d'après les besoins de l'église, et aussi quand les problèmes arrivent sporadiquement.

III. REUNION DES FONDS

Les réunions des fonds s'organisent en vue de répondre à des objectifs déterminés par l'église. Ici, on invite les gens de plusieurs catégories pour venir donner, accompagnés de leurs familles et amis afin d'accumuler les fonds.

NB : ici, il n'y a pas moyen de cacher ce qúon doit donner ; cette action encourage et stimule les autres. Il arrive dans ces réunions que les gens donnent les titres de propriété, et différents articles pour répondre à la demande de l'église, pour que l'œuvre de Dieu puisse avancer.

IV. TRAVAUX PAYES ET PRESTATIONS PAYEES (Travail individuel ou collectif)

Un chrétien ou un ensemble de chrétiens peuvent s'organiser pour le travail dans un champ par exemple, et l'argent qúon lui (leur) payera entrera dans la caisse de l'église ou dans le ministère. Nous voyons le témoignage des Etats unis où les jeunes balayent les routes pour qúils puissent envoyer cet argent gagné à l'œuvre missionnaire, c'est le mouvement appelé « Speed the Light »

V. LE TRAVAIL OFFERT POUR LE MINISTERE

Certaines personnes qui connaissent certains métiers se sacrifient elles mêmes pour faire les travaux de l'église ou du ministère ; et cela bénévolement. Exemple : techniciens, ingénieurs, comptables, journalistes,...

PRIERE POUR LES LEADERS DE RHEMA

4 DEPENSER

Nous entendons par la dépense, l'utilisation des biens qui sont mis à notre intendance. Les dépenses doivent s'effectuer en 4 domaines:

1. Dieu

2. L'homme (famille)

3. Les autres

4. Moyens de production

DIEU

Dans tout ce que nous avons, nous devons d'abord songer à Dieu et à son œuvre. Dieu est amour et dans son amour, il nous donne pour que nous puissions utiliser les choses rationnellement, et nourrir notre famille. La bible dit que : « celui qui ne sait pas prendre soin de sa famille est pire que les païens. »1Tim 5 :8

Les autres : la bible nous dit que « tu aimeras ton prochain comme toi-même ». Ceci nous porte à croire que nous devons vivre dans la complémentarité ; et lorsque mon prochain a besoin d'assistance, nous ne devons pas le lui priver.

Moyen de production : nous devons savoir ce que nous devons produire ; s'il s'agit des productions spirituelles ou matérielles. Ce qui nous amène encore dans la notion d'investissement spirituel ou matériel. Tout ceci nous amène à établir un budget de fonctionnement. Le moyen de production peut se résumer comme un capital de travail ou les graines qui doivent produire. Pour ceux qui ne font pas le business, cet élément serait l'épargne pour des projets de la vie.

Etablissement du budget de fonctionnement

Le problème pour beaucoup de gens est de savoir comment dépenser l'argent qúils ont gagné. La pratique commune est qúils dépensent plus qúils ne gagnent, ils s'endettent en désordre sans songer à leur incapacité financière. En conséquence, ils tourmentent et deviennent finalement incapables de régler les dettes. Ils sont dans ce cas d'esclaves de leurs créanciers. Pour éviter ce genre de fatalité, l'élaboration du budget est très importante. Et surtout, éviter de payer sans programme tout ce qui vous tombe sur le nez.

Un budget est une liste des dépenses établie pour une durée déterminée avec le revenu nécessaire à les payer. Un budget aide une personne ou une communauté à résoudre sa situation financière ; si elle a plus de dépenses que les revenus, elle devrait réduire son train de vie ou les dépenses.

Pour établir votre budget, vous devez commencer par écrire sur une feuille de papier vos besoins réels en donnant priorité aux plus importants. Voir le revenu hebdomadaire ou mensuel, selon votre propre situation. Après avoir établi votre revenu total, vous énumérez alors vos différentes dépenses et vous les additionnez également. Le total de vos dépenses ne devrait pas être plus grand que le total de votre revenu. A cause de l'inflation, vous aurez de temps à modifier votre budget et à l'ajuster suivant la nouvelle situation.

NOUS DEVONS DEPENSER SAGEMENT:

- Payez comptant toutes les fois que c'est possible. Un article que vous achetez à crédit est toujours imposé par le vendeur. Ďautre part, si un cas s'y ajoute aussi des intérêts sont imposés par le vendeur. Ďautres part, si un cas d'urgence se présente, et qui, oblige ďy faire face, et si vous n'êtes plus capable de rembourser ce crédit, vous risquez de payer dix fois la marchandise.

- Evitez les dettes. Les écritures nous disent de ne rien devoir à personne (Rom 13 :8) ceci est une immense vérité. Demander un prêt semble une solution facile à des problèmes financiers. Quelques fois ce remède peut être pire que la maladie. Si vous ne remboursez pas à temps, vous donnez un mauvais témoignage, vous perdez des amis, et vous vous retrouver en train de « rétrograder » dans votre marche chrétienne. Combien sont nombreux les croyants qui ne vont plus à l'église parce qúils ont trop honte de rencontrer le frère qui leur a prêté de l'argent qúils ne peuvent pas rembourser ! Il est préférable de se confier à Dieu pour nos besoins. Il est fidèle pour y pouvoir. Cependant, si vous avez des remboursements à faire, fais-les à temps. Et si à cause ďun cas ďurgence, vous ne pouvez pas, n'évitez pas la personne qui vous a prêté de l'argent. Allez vers elle, vous excuser au lieu de fuir. En entendant votre requête elle pourra vous faire grâce et patienter. Ceci gardera votre témoignage et aussi la crédibilité auprès de la personne. Fuir ou ignorer le problème c'est l'agrandir davantage.

- Achetez ďabord ce qui est nécessaire. Vous pouvez appliquer un système de priorités pour vos dépenses. Pourquoi, par exemple, devriez-vous gaspiller de l'argent en achetant des choses superflues et manquer de ce que vous avez réellement besoin ? un couple et leurs 2 enfants sont obligés de dormir dans le même lit ; mais ils s'achetèrent un téléviseur en couleur.

- Economisez.

Vérifier les prix avant d'acheter. Si vous voyez quelque chose qui vous intéresse dans un magasin, vous pouvez quelque fois trouver la même chose à un prix moins élevé en faisant quelques pas de maison de plus. Mais ne croyez surtout pas avoir fait une affaire en achetant quelque chose de bon marché mais de pauvre qualité car quelque chose de moins chère coute davantage à longue échéance. Utilisez au mieux ce que vous avez. Prenez soin de vos vêtements et de votre mobilier afin qúils durent plus longtemps. Ne gaspillez pas l´électricité et l´eau. Pourquoi payer une facture plus élevée.

Si vous êtes une ménagère, vous pouvez économiser en mesurant tout d'abord ; ce que vous allez cuisiner afin de ne pas avoir de restes énormes ; mais si vous en avez, ne les jetez pas. Vous pouvez les utiliser à nouveau dans un autre repas ou les donner à quelqúun dans le besoin. L'enseignement de Jésus à travers la multiplication des pains et des poissons, est très approprié concernant cela (Jean 6 :12-13).

Nous devons éviter les dépenses coquettes et des concurrences, surtout dans nos églises. Nous constatons que les mamans dépensent coquettement et cela ne plait pas à l'Eternel. Dans le ministère ou dans l'église, nous devons dépenser selon les besoins exposés sinon ce serait un manque d'intégrité. A supposer qúon fait la collecte pour payer le ciment et puisque à la maison du pasteur ou du ministre, il n'y a pas de quoi manger, il utilise l'argent collecté, ceci déplait l'eternel et c'est un péché.

5. PARTAGER

Manger c'est bien, mais partager c'est mieux, toutes ces écritures nous parlent comment nous sommes appelés à partager :

- Mathieu 5 :42 Donne à celui qui te demande

- Mathieu 19 :21 va, vends ce que tu possèdes et donne

- Marc 10 :21 ...va, vends ce que tu as, donne...

- Luc 6 :38 Donnez, et il vous sera donné

- Actes 20 :35...il y a plus de Bonheur à donner qúà recevoir

- 2 corinthiens 9 :6-8 celui qui sème peu moissonnera peu

- Galates 6 :9-10 pratiquons les biens envers tous et surtout

- Proverbes 19 :17 Celui qui a pitié au pauvre prête à L'Eternel...

J'exhorte les églises à pouvoir partager avec le moins nanti le surplus de leurs ressources.

Egalement, le Pasteur titulaire ne doit pas utiliser toutes les ressources de l'église alors qu'il y a d'autres serviteurs à plein temps qui travaillent avec lui. Le partage doit être bien défini pour éviter de problèmes inutiles. Même s'il est seul, et le ministère détient de gros moyens, il ne doit pas utiliser toutes les ressources récoltées. Il doit avoir un salaire qui lui permettra de satisfaire tous ses besoins et aussi avoir de l'épargne. Le reste servira d'économie ou à d'autres desseins de l'église. Il est très sage d'avoir un compte pour aider les veuves et les orphelins. En effet, le ministère doit songer aux œuvres sociales parce qu'il traite quotidiennement avec les êtres humains. Les dimes ne sont pas destinées pour les œuvres sociales mais à l'encadrement des sacrificateurs.

Le swahili possède une expression qui dit : « l'épargne ne pourrit jamais ».

NB : toutes les églises doivent payer leurs dîmes à leur siège, fidèlement pour assurer sa survie et une autre méthode est employée de donner sa part dans le budget de fonctionnement mensuel ou annuel du siège. Cet argent servira à aider d'autres églises nécessiteuses, les frais de transport aux pasteurs superviseurs et aussi à faire des projets divers au bénéfice de la communauté entière.

Pour l'amour de Dieu, ayons le cœur de partager équitablement. Ne centralisons pas toutes les ressources pour nous-mêmes. Quand il y a un problème pouvant empêcher le fonctionnement du travail, toute l'équipe doit être prête à faire le sacrifice deux ou trois pour régler tous les litiges et finalement revenir aux anciennes mesures.

Le serviteur de Dieu ne doit pas se considérer comme un mercenaire. Il doit être à tout moment pour sacrifier ses intérêts à ceux du Christ.

Que Dieu vous aide à pouvoir bien comprendre cette leçon de finance.

Gloire à Dieu. Soyez béni bien aimes les lecteurs !

LES ATTITUDES IMPROPRES ENVERS L'ARGENT PEUVENT VOUS CAUSER DU TORT.

Si vous l'employez pour les buts coupables : si vous l'employez pour les désirs de la chair au lieu de la volonté de l'esprit. L'exemple de Mathieu 19 :16-23 prouve que le jeune homme n'était dans le contrôle de la richesse. Sa richesse le contrôlait. Son argent lui coutait plus que son cœur. Vous êtes dans le réel danger de votre argent qui vous cause du mal toutes les fois qúil commence à vous diriger au lieu que vous le dirigiez. L'amour de l'argent poussa judas Iscariote de trahir jésus. Plusieurs serviteurs trahissent les autres à cause de l'amour de l'argent. Judas perdit sa propre âme et il en sera de même à quiconque ferait ainsi.

Commencez à considérer l'argent comme tout autre outil que vous pouvez utiliser.

L'argent peut faire beaucoup de bonnes choses mais quand l'argent n'est pas contrôlé par l'esprit de Dieu en nous, il peut nous détruire complètement

TROIS DIMENSIONS DANS LA CREATION DIVINE

1. Fellowship ou relation d'intimité entre l'homme et son créateur.

2. Adoration

3. Accomplissement de ses œuvres que les autres appellent prospérité.

Dieu n'est pas un homme, il est un esprit créateur et saint. Celui qui entre en relation intime avec Lui, doit le faire dans l'esprit et demeurer dans la sainteté. Adam fut dans la première phase, il était en relation d'intimité avec Dieu, étant dans la gloire de Dieu, mais il n'avait pas accompli les deux autres phases à cause de la désobéissance à Dieu. De ce fait il perdit la gloire divine, et son autorité, ainsi que sa gouvernance. Il devint sans gloire et mortel.

Apres la chute de l'homme, l'environnement devint hostile et fut son ennemi. L'animal sauvage ne reconnut plus l'autorité que l'homme avait sur lui ; la mort apparait dans sa propre famille, et finalement, Adam et Eve connurent la mort. Dieu n'avait pas créé Adam et Eve avec l'option de mourir ; Satan avait dévié leur destin comme il continue à le faire aux nations, aux communautés et aux individus. Ils sont devenus les esclaves de celui à qui ils ont obéi. Dieu dans sa bonté prévoyant une rédemption pour que nous rentrions dans nos anciens droits.

La rédemption est le glorieux travail accompli par notre Seigneur Jésus. Par Lui nous pouvons entrer dans le fellowship et la vraie adoration divine. Il est certain que si nous nous lançons dans ses activités suivant sa volonté, l'accomplissement ou la prospérité de nos activités sont assurées pour continuer à lui rendre grâce. Cette prospérité n'a rien avec ce que les télé-évangélistes enseignent. C'est une prospérité à tous égards comme le dit Jean dans son troisième épitre, je souhaite que tu prospères à tous égards et sois en bonne santé, comme prospère l'état de ton âme.

Dieu n'avait pas envoyé son Fils sur la terre pour chercher les fanatiques, les sympathisants ou les supporteurs mais il est venu chercher les pécheurs pour leur faire devenir des vrais adorateurs. Avant de devenir des vrais adorateurs ils doivent mourir aux désirs charnels et donner leurs vies à Jésus-Christ. C'est une opération de réciprocité, Jésus a donné sa vie pour que nous soyons délivrés, sauvés, rachetés, et à mon tour je dois lui donner la mienne pour qúil la transforme à la manière de Dieu ; c'est alors que mon adoration puisse être acceptée ; c'est de cette façon que mon adoration serait dans l'esprit. Sans donner complètement la vie à Jésus, il est impossible que notre intelligence soit renouvelée. « Mais l'heure vient, et elle est déjà venue, où les vrais adorateurs adoreront le Père en Esprit et en vérité ; car ce sont là les adorateurs que le Père demande. Dieu est Esprit, et il faut que ceux qui l'adorent, l'adorent en esprit et en vérité. » Jean 4 :23-24 Romains 12 :2

L'adoration doit être automatique pour tous les enfants de Dieu. Les gestes exprimés dans tout ce que nous faisons doivent refléter une adoration. Elle se fait sans effort parce que nous avons la nature de Dieu et Il est avec nous partout ; c'est Lui qui nous fait réussir et vaincre. Il est l'auteur de toute joie qui survient dans nos vies. Pour toutes bonnes nouvelles que nous recevons, nous crions automatiquement, Seigneur, Mon Dieu Merci ; Alléluia, Gloire a Dieu etc.

Vous, au contraire, vous êtes une race élue, un sacerdoce royal, une nation sainte, un peuple acquis, afin que vous annonciez les vertus de celui qui vous a appelés des ténèbres à son admirable lumière, vous qui autrefois n'étiez pas un peuple, et qui maintenant êtes le peuple de Dieu, vous qui n'aviez pas obtenu miséricorde, et qui maintenant avez obtenu miséricorde. 1Pi, 2 :9-10

REVELATION SUR L'EGLISE DE CHRIST

1. La bible est composée de l'ancien testament et du nouveau; mais tous sont des testaments valables que Dieu a faits pour l'homme. L'ancien testament montre la puissance, la gloire et les origines des origines. Le nouveau testament nous montre la discipline que les chrétiens doivent posséder, la reproduction de la vie de Christ, l'accomplissement et la concrétisation de l'alliance entre Dieu et les hommes, la restauration de relation entre Dieu et les hommes par son Fils Jésus-Christ, l'unique médiateur, et aussi il nous montre l'église qui est créée non pas par l'homme mais par la mort et la résurrection du Fils de Dieu.

Dans l'ancien testament les apôtres, les évangélistes et les docteurs n'étaient pas ordonnés mais les sacrificateurs et les lévites qui s'occupaient de l'œuvre de Dieu étant comme des pasteurs et des diacres. Le rôle principal dans leur prêtrise était consacré spécialement aux offrandes et sacrifices des péchés. Ces serviteurs se limitaient dans cette routine qui permit aux hébreux d'oublier à tout moment les lois de Dieu en se limitant sur les travaux des péchés et les sacrifices voyant leurs gains. Faute d'ignorer les lois de Dieu, les hébreux étaient toujours contraints à adorer d'autres dieux qui au fait n'étaient que l'invention de Satan pour offenser Le Dieu ĎIbrahim et d'Isaac et par là ils étaient vendus et maltraités par leurs ennemis.

2 Chroniques 15

[1] L'esprit de Dieu fut sur Azaria, fils d'Obed,

[2] et Azaria alla au-devant d'Asa et lui dit: Écoutez-moi, Asa, et tout Juda et Benjamin! L'Éternel est avec vous quand vous êtes avec lui; si vous le cherchez, vous le trouverez; mais si vous l'abandonnez, il vous abandonnera.

[3] Pendant longtemps il n'y a eu pour Israël ni vrai Dieu, ni sacrificateur qui enseignât, ni loi.

[4] Mais au sein de leur détresse ils sont retournés à l'Éternel, le Dieu d'Israël, ils l'ont cherché, et ils l'ont trouvé.

[5] Dans ces temps-là, point de sécurité pour ceux qui allaient et venaient, car il y avait de grands troubles parmi tous les habitants du pays;

[6] on se heurtait peuple contre peuple, ville contre ville, parce que Dieu les agitait par toutes sortes d'angoisses.

7   Vous donc, fortifiez-vous, et ne laissez pas vos mains s'affaiblir, car il y aura un salaire pour vos œuvres.

8   Après avoir entendu ces paroles et la prophétie d'Obed le prophète, Asa se fortifia et fit disparaître les abominations de tout le pays de Juda et de Benjamin et des villes qúil avait prises dans la montagne d'Éphraïm, et il restaura l'autel de l'Éternel qui était devant le portique de l'Éternel.

9   Il rassembla tout Juda et Benjamin, et ceux d'Éphraïm, de Manassé et de Siméon qui habitaient parmi eux, car un grand nombre de gens d'Israël se joignirent à lui lorsqúils virent que l'Éternel, son Dieu, était avec lui.

10   Ils s'assemblèrent à Jérusalem le troisième mois de la quinzième année du règne d'Asa.

11   Ce jour-là, ils sacrifièrent à l'Éternel, sur le butin qúils avaient amené, sept cents bœufs et sept mille brebis.

12   Ils prirent l'engagement de chercher l'Éternel, le Dieu de leurs pères, de tout leur cœur et de toute leur âme;

13   et quiconque ne chercherait pas l'Éternel, le Dieu d'Israël, devait être mis à mort, petit ou grand, homme ou femme.

14   Ils jurèrent fidélité à l'Éternel à voix haute, avec des cris de joie, et au son des trompettes et des cors;

15   tout Juda se réjouit de ce serment, car ils avaient juré de tout leur cœur, ils avaient cherché l'Éternel de plein gré, et ils l'avaient trouvé, et l'Éternel leur donna du repos de tous côtés.

16 Le roi Asa enleva même à Maaca, sa mère, la dignité de reine, parce qúelle avait fait une idole pour Astarté. Asa abattit son idole, qúil réduisit en poussière, et la brûla au torrent de Cédron.

2.

Dieu a créé l'homme ayant l'intention de la vraie relation dans l'adoration et la consécration totale à sa volonté. Et cette volonté devait se trouver exclusivement dans ses testaments mais le malheur en est que toutes les fois l'homme eu tendance d'apporter le feu étranger dans ses relations avec Dieu qui provoque inévitablement sa colère et de là découle la mort physique dans l'ancien testament et la mort spirituelle dans le nouveau. Il est dit dans la parole que Dieu cherche les vrais adorateurs qui notamment doivent l'adorer dans l'esprit et en vérité. C'est ici où le chrétien devra trouver sa raison d'être dans sa relation avec Dieu. Le péché qui entrainera l'homme d'être chassé dans la présence de Dieu est de ne pas être un vrai adorateur (ne faites pas allusion à Adam et Eve). Le rôle des apôtres et tous les ministres de Dieu est d'amener les gents à Dieu par le chemin de Jésus –Christ et en faire des adorateurs. Lévitique 10

1 Les fils d'Aaron, Nadab et Abihu, prirent chacun un brasier, y mirent du feu, et posèrent du parfum dessus; ils apportèrent devant l'Éternel du feu étranger, ce qúil ne leur avait point ordonné.

2 Alors le feu sortit de devant l'Éternel, et les consuma: ils moururent devant l'Éternel.

3 Moïse dit à Aaron: C'est ce que l'Éternel a déclaré, lorsqúil a dit: Je serai sanctifié par ceux qui s'approchent de moi,

et je serai glorifié en présence de tout le peuple. Aaron garda le silence.

4   Et Moïse appela Michaël et Eltsaphan, fils d'Uziel, oncle d'Aaron, et il leur dit: Approchez-vous, emportez vos frères loin du sanctuaire, hors du camp.

5   Ils s'approchèrent, et ils les emportèrent dans leurs tuniques hors du camp, comme Moïse l'avait dit.

6   Moïse dit à Aaron, à Éléazar et à Ithamar, fils d'Aaron: Vous ne découvrirez point vos têtes, et vous ne déchirerez point vos vêtements, de peur que vous ne mouriez, et que l'Éternel ne s'irrite contre toute l'assemblée. Laissez vos frères, toute la maison d'Israël, pleurer sur l'embrasement que l'Éternel a allumé.

7   Vous ne sortirez point de l'entrée de la tente d'assignation, de peur que vous ne mouriez; car l'huile de l'onction de l'Éternel est sur vous. Ils firent ce que Moïse avait dit.

8   L'Éternel parla à Aaron, et dit:

9   Tu ne boiras ni vin, ni boisson enivrante, toi et tes fils avec toi, lorsque vous entrerez dans la tente d'assignation, de peur que vous ne mouriez: ce sera une loi perpétuelle parmi vos descendants,

10 afin que vous puissiez distinguer ce qui est saint de ce qui est profane, ce qui est impur de ce qui est pur,

11 et enseigner aux enfants d'Israël toutes les lois que l'Éternel leur a données par Moïse.

VOICI COMMENT AU CIEL JESUS-CHRIST EST ADORE SANS COMPLAISANCE

LOUANGE RHEMA KADUTU

[8] Les quatre êtres vivants ont chacun six ailes, et ils sont remplis d'yeux tout autour et au dedans. Ils ne cessent de dire jour et nuit: Saint, saint, saint est le Seigneur Dieu, le Tout Puisant, qui était, qui est, et qui vient!

Quand les êtres vivants rendent gloire et honneur et actions de grâces à celui qui est assis sur le trône, à celui qui vit aux siècles des siècles,

10   les vingt-quatre vieillards se prosternent devant celui qui est assis sur le trône et ils adorent celui qui vit aux siècles des siècles, et ils jettent leurs couronnes devant le trône, en disant:

11   Tu es digne, notre Seigneur et notre Dieu, de recevoir la gloire et l'honneur et la puissance; car tu as créé toutes choses, et c'est par ta volonté qúelles existent et qúelles ont été créées. Apocalypse, 4 :8-11

3

Si dans l'ancien testament, la colère de Dieu se déversait dans divers royaumes et furent abandonnés, la raison était de ne pas adorer le vrai Dieu et d'oublier ses lois. Les sacrificateurs se contentaient seulement de leurs butins pendant que Dieu attendaient d'eux de détourner l'esprit d'idolâtrie et s'adonner entièrement à communier avec le vrai Dieu comme l'a fait, David, Réhoboam, Abiya, Asa et Jehoshaphat... Justement de nos jours, les ministres sont satisfaits d'avoir les biens matériels et croient que c'est cela la bénédiction, c'est un mensonge diabolique, le succès d'un ministre est de faire de ses fidèles des vrais adorateurs et d'abandonner l'ancien vin de l'ancien testament qui fut la guerre de la chair, la vengeance et la haine ; parce que Le Christ est venu avec un commandement nouveau celui d'aimer, de pardonner et de se livrer dans l'intégrité ou la soumission totale à Dieu. Combien des ministres aujourd'hui qui personnellement n'ont pas le temps d'adorer. Ils se plaisent seulement à compter les offrandes et les péchés comme mode d'économie, pendant que le Seigneur veut que la grâce et le pardon soient exposés aux fidèles malgré tout état. C'est le travail de Christ en tant que notre médiateur avec Dieu. Sa joie est de pardonner et non de condamner. Jean.4

20 Nos pères ont adoré sur cette montagne; et vous dites, vous, que le lieu où il faut adorer est à Jérusalem.

21 Femme, lui dit Jésus, crois-moi, l'heure vient où ce ne sera ni sur cette montagne ni à Jérusalem que vous adorerez le Père.

22 Vous adorez ce que vous ne connaissez pas; nous, nous adorons ce que nous connaissons, car le salut vient des Juifs.

23 Mais l'heure vient, et elle est déjà venue, où les vrais adorateurs adoreront le Père en esprit et en vérité; car ce sont là les adorateurs que le Père demande.

24 Dieu est Esprit, et il faut que ceux qui l'adorent l'adorent en esprit et en vérité.

25 La femme lui dit: Je sais que le Messie doit venir (celui qúon appelle Christ); quand il sera venu, il nous annoncera toutes choses.

26 Jésus lui dit: Je le suis, moi qui te parle.

(Top chrétien)
Veillez à ce que nul ne se prive de la grâce de Dieu ; à ce qúaucune racine d'amertume, poussant des rejetons, ne produise du trouble, et que plusieurs n'en soient infectés.» Hébreux 12.15

L'amertume est un piège qui peut vous faire tomber dans l'hypocrisie. Vu de l'extérieur, vous avez tout l'air d'un chrétien, mais à l'intérieur c'est le naufrage, la désolation ! À cause d'elle, vous perdez toute votre dignité.

Allez-vous faire miséricorde à celui qui vous a blessé et lui pardonner ?

L'amertume déforme le caractère, elle enlaidit. Elle est semblable à un cercle vicieux. Elle produit de nombreux rejetons tels que la méchanceté, la haine, la rancune, le mécontentement, le sentiment de vengeance, l'esprit de critique, les querelles, les murmures, les divisions.

Trop de chrétiens blessés laissent l'amertume envahir leur vie de prière. Ils tombent dans une forme d'autisme spirituel, une forme d'enfermement. Et l'amertume peut devenir une véritable prison pour eux. Ils finissent par tout interpréter en leur faveur.

Vous ne pouvez penser à la place de Dieu. Le «statut de victime» ne peut vous octroyer le droit de juger et de condamner ceux qui vous ont fait souffrir. Car si vous condamnez, si vous critiquez, si vous calomniez, si vous jugez, si vous vous vengez, en quoi êtes-vous différents de ceux qui font le mal ?

Soyez miséricordieux comme votre père céleste. Bénissez et ne maudissez pas. Mais souvenez-vous que Dieu résiste à ceux qui prient avec «un esprit de jugement». Ayez cet état de cœur que Dieu attend de vous et qui vous attirera toute sa faveur (Esaïe 58).

Veillez à garder un esprit bien disposé (Psaume 51.12). Et soyez un instrument de miséricorde et de pardon pour ceux qui vous entourent.

Une question pour aujourd'hui

Allez-vous laisser l'amertume gagner votre cœur ? Ou allez-vous faire miséricorde à celui qui vous a blessé et lui pardonner ?

4

Le vrai adorateur reçoit automatiquement les caractères de Dieu, il n'a pas le temps de se souiller parce que sa nouvelle nature le dédaigne comme il est intolérable de manger les pommes de terre crues. Un vrai adorateur communique avec Dieu partout et dans toutes les circonstances. Les révélations divines lui arrivent facilement parce que son cœur est rempli de Dieu. La gloire de Dieu habite en lui comme la colonne de feu entourait Israël dans le désert. Le péché de certains ministres actuels c'est de ne pas céder dans leurs cœurs une place considérable à Dieu, ils sont remplis du monde et ses désirs. Donc, selon la parole de Dieu, ils sont contre la volonté de Dieu. Le créateur sollicite quotidiennement de remplir nos cœurs mais nous avons des ambitions différentes de la volonté de Dieu. Aujourd'hui est l'heure de se repentir et de donner assez du temps au Seigneur. Combien de temps donnez-vous à Dieu par jour ? Si c'est moins d'une heure vous devez vous repentir vous en tant que modèle et ministre de Dieu qui est censé apporter de la lumière partout. Avez-vous déjà terminé la lecture de toute la bible ? Croyez-vous que vous la terminerez dans le tombeau ? Il est vrai que tous les livres préférés, vous les terminez et vous avez le temps d'en parler aux autres. Pourquoi cette indifférence face au testament de votre héritage? Nous devons avoir assez du temps à consacrer pour Le Seigneur chaque jour malgré notre calendrier très chargé.

Juges 10

1 Après Abimélec, Thola, fils de Pua, fils de Dodo, homme d'Issacar, se leva pour délivrer Israël; il habitait à Schamir, dans la montagne d'Éphraïm.

2 Il fut juge en Israël pendant vingt-trois ans; puis il mourut, et fut enterré à Schamir.

3 Après lui, se leva Jaïr, le Galaadite, qui fut juge en Israël pendant vingt-deux ans.

4 Il avait trente fils, qui montaient sur trente ânons, et qui possédaient trente villes, appelées encore aujourd'hui bourgs de Jaïr, et situées dans le pays de Galaad.

5 Et Jaïr mourut, et fut enterré à Kamon.

6 Les enfants d'Israël firent encore ce qui déplaît à l'Éternel; ils servirent les Baals et les Astartés, les dieux de Syrie, les dieux de Sidon, les dieux de Moab, les dieux des fils d'Ammon, et les dieux des Philistins, et ils abandonnèrent l'Éternel et ne le servirent plus.

7 La colère de l'Éternel s'enflamma contre Israël, et il les vendit entre les mains des Philistins et entre les mains des fils d'Ammon.

8 Ils opprimèrent et écrasèrent les enfants d'Israël cette année-là, et pendant dix-huit ans tous les enfants d'Israël qui étaient de l'autre côté du Jourdain dans le pays des Amoréens en Galaad.

9 Les fils d'Ammon passèrent le Jourdain pour combattre aussi contre Juda, contre Benjamin et contre la maison d'Éphraïm. Et Israël fut dans une grande détresse.

¹⁰ Les enfants d'Israël crièrent à l'Éternel, en disant: Nous avons péché contre toi, car nous avons abandonné notre Dieu et nous avons servi les Baals.

¹¹ L'Éternel dit aux enfants d'Israël: Ne vous ai-je pas délivrés des Égyptiens, des Amoréens, des fils d'Ammon, des Philistins?

¹² Et lorsque les Sidoniens, Amalek et Maon, vous opprimèrent, et que vous criâtes à moi, ne vous ai-je pas délivrés de leurs mains?

¹³ Mais vous, vous m'avez abandonné, et vous avez servi d'autres dieux. C'est pourquoi je ne vous délivrerai plus.

¹⁴ Allez, invoquez les dieux que vous avez choisis; qúils vous délivrent au temps de votre détresse!

¹⁵ Les enfants d'Israël dirent à l'Éternel: Nous avons péché; traite-nous comme il te plaira. Seulement, daigne nous délivrer aujourd'hui!

¹⁶ Et ils ôtèrent les dieux étrangers du milieu d'eux, et servirent l'Éternel, qui fut touché des maux d'Israël.

¹⁷ Les fils d'Ammon se rassemblèrent et campèrent en Galaad, et les enfants d'Israël se rassemblèrent et campèrent à Mitspa.

¹⁸ Le peuple, les chefs de Galaad se dirent l'un à l'autre: Quel est l'homme qui commencera l'attaque contre les fils d'Ammon? Il sera chef de tous les habitants de Galaad.

Et Dieu par sa miséricorde délivra Israël par les mains de Jephté JUGES.11 :29-33

5

Le feu étranger est entré dans le tabernacle de Dieu à cause de l'imitation du monde ; en ce qui concerne la collecte des biens, en ce qui concerne les danses et les chansons ; en ce qui concerne le mode d'habillement ; en ce qui concerne le langage séduisant, les comportements païens ; en ce qui concerne l'usage de la femme et de l'homme, en ce qui concerne l'autorité spirituelle ; en ce qui concerne l'autorité familiale ; en ce qui concerne les caractères des enfants qui ne respectent plus leurs parents et les ainés ; en ce qui concerne le mariage et les engagements. Au fait c'est un grand désordre dans le temple de Dieu. Dieu cherche les vrais serviteurs qui construiront de nouveau son autel qui est grandement souillé par les sacrificateurs.

Romains.1 :

20 En effet, les perfections invisibles de Dieu, sa puissance éternelle et sa divinité, se voient comme à l'œil, depuis la création du monde, quand on les considère dans ses ouvrages. Ils sont donc inexcusables,

21 puisque ayant connu Dieu, ils ne l'ont point glorifié comme Dieu, et ne lui ont point rendu grâces; mais ils se sont égarés dans leurs pensées, et leur cœur sans intelligence a été plongé dans les ténèbres.

22 Se vantant d'être sages, ils sont devenus fous;

23 et ils ont changé la gloire du Dieu incorruptible en images représentant l'homme corruptible, des oiseaux, des quadrupèdes, et des reptiles.

24 C'est pourquoi Dieu les a livrés à l'impureté, selon les convoitises de leurs cœurs; en sorte qúils déshonorent eux-mêmes leurs propres corps;

25 eux qui ont changé la vérité de Dieu en mensonge, et qui ont adoré et servi la créature au lieu du Créateur, qui est béni éternellement. Amen!

26 C'est pourquoi Dieu les a livrés à des passions infâmes: car leurs femmes ont changé l'usage naturel en celui qui est contre nature;

27 et de même les hommes, abandonnant l'usage naturel de la femme, se sont enflammés dans leurs désirs les uns pour les autres, commettant homme avec homme des choses infâmes, et recevant en eux-mêmes le salaire que méritait leur égarement.

28 Comme ils ne se sont pas souciés de connaître Dieu, Dieu les a livrés à leur sens réprouvé, pour commettre des choses indignes,

29 étant remplis de toute espèce d'injustice, de méchanceté, de cupidité, de malice; pleins d'envie, de meurtre, de querelle, de ruse, de malignité;

30 rapporteurs, médisants, impies, arrogants, hautains, fanfarons, ingénieux au mal, rebelles à leurs parents, dépourvus d'intelligence,

31 de loyauté, d'affection naturelle, de miséricorde.

32 Et, bien qúils connaissent le jugement de Dieu, déclarant dignes de mort ceux qui commettent de telles choses, non seulement ils les font, mais ils approuvent ceux qui les font.

LOUANGE ET ADORATION

I. INTRODUCTION

Notre première responsabilité est d'adorer LE SEIGNEUR. Dans la prière, nous nous occupons de nos besoins ; Dans l'action de grâce, nous rendons grâce à Dieu pour nos bénédictions ; mais dans l'adoration, DIEU lui-même devient seul objet de notre attention. En adorant, nous cherchons en premier lieu à réjouir et à satisfaire le cœur de notre PERE CELESSTE, plutôt qúà obtenir la satisfaction de nos propres besoins.

Quelle serait notre réaction si, au lieu de nous aimer en tant que parents, nos enfants ne nous aiment que pour ce que nous leur donnons ? « Quel égoïsme » dirions-nous. Une de plus grande cause d'échec dans l'Eglise d'aujourd'hui provient du fait que beaucoup de chrétiens n'ont pas découvert l'importance de l'adoration qui est le premier ministère chrétien.

L'adoration d'abord et ensuite le service **Mat.4 :10** « ...Adore le SEIGNEUR ton DIEU et sers-le, lui seul »

« Nous prenons un nouveau converti pour en faire immédiatement un ouvrier pour le Seigneur. DIEU n'a jamais prévu que les choses se passent ainsi ; Il voudrait plutôt qúun jeune chrétien devient d'abord un adorateur avant de devenir un serviteur.

Un jour une vieille dame demanda audience auprès du président américain Abraham LINCOLN. Comme elle entrait dans son bureau, il se leva et tout en la priant de s'asseoir, lui posa la question traditionnelle qúil adressait à tous ceux qui venaient le voir :

1. Que puis-je faire pour vous, madame ?

2. Monsieur le Président répondit-elle, je sais que vous êtes un homme très occupé et je ne suis pas venue pour vous demander quelque chose ; Ma démarche est différente. Et avec un petit sourire, elle ajouta sur un ton de confiance :

3. Je suis simplement venue vous offrir un de vos gâteaux préférés.

   Un silence suivit ces paroles ; puis regardant bien en face son étrange visiteuse, le président lui dit :

4. Madame, je vous remercie infiniment pour votre geste qui me touche profondément.

Il y avait de l'émotion dans sa voix lorsqúil continua :

Des milliers de personnes sont venus me voir pour demander des faveurs depuis que je dirige ce pays. Vous êtes la première personne qui soit-il sans formuler de requêtes, mais simplement pour offrir un cadeau .Je vous en suis très reconnaissant.

Heureuse, cette vieille dame s'en retourna chez elle, satisfaite d'avoir accompli sa mission ; elle avait réussi à réjouir le cœur de celui qúelle estimait.

Ce récit authentique est une excellente illustration qui va nous aider à comprendre la véritable signification de l'adoration.

Comme ce président, Le SEIGNEUR désire lui aussi nous voir venir à LUI ayant tout pour sa personne et non seulement pour ses dons.

DIEU nous ayant créés pour LUI-MÊME, c'est donc autant notre responsabilité que notre privilège de LUI offrir notre adoration : « nous avons été destinés à vivre pour célébrer sa gloire ». (Eph. 1 :12, lettres pour notre temps). Ces paroles de l'Apôtre Paul et bien d'autres passages bibliques que nous méditerons plus tard, nous montrent que notre premier ministère est d'adorer LE SEIGNEUR.

II. DIFFERENCE ENTRE ADORATION ET LOUANGE

Nous adorons DIEU de ce qúil est, en manifestant les gestes intérieurs et extérieurs (se prosterner pour rendre hommage et honneur, se courber en manifestant les gestes intérieurs manifestant une grande crainte et grand respect.

Adorer signifie aimer beaucoup, communier, honorer, admirer, magnifier, respecter, glorifier.

III. DEFINITION DE ĽA DORATION ET LA LOUANGE

1. <u>Définition de ľadoration</u>

Dans ľAncien testament, trois mots hébreux sont utilisés en priorité pour adoration :

1. Segad : Ce mot veut dire « se courber en manifestant une grande crainte et un grand respect ».

2. Abad : est généralement traduit par « travailler », œuvrer ou servir DIEU »

3. Shakah : C'est le mot le plus utilisé dans ľAncien Testament . Il décrit un acte très spécifique ďadoration et signifie, « se courber », se prosterner soi-même pour rendre hommage et honneur ». Il reflète un profond amour et une très grande humilité.

En ďautres termes, adorer c'est exprimer sa révérence, avoir une grande crainte mêlée de respect, c'est se prosterner dans un amour ardent, se soumettre et obéir à celui que ľon aime passionnément.

Dans le Nouveau testament, ces mêmes expressions sont maintenues. Nous avons trois mots utilisés en priorité pour adoration:

1. Seboumai : qui signifie avoir « une grande crainte », « un profond respect », « une admiration illimitée ».

Ces sentiments de sainte crainte occupent une place primordiale dans l'adoration ;

2. **Latreno** : qui signifie principalement « servir », correspond à la condition d'un serviteur ou d'un esclave ; servir DIEU c'est donc aussi l'adorer.

3. **Proskuneo** : correspond au mot hébreu Shakah. Couramment employé dans le Nouveau Testament, IL signifie « se courber et baiser la main».

Nous pouvons nous courber devant quelqúun tout en étant loin de lui, mais pour baiser la main de son maître, il faut un contact intime et personnel avec lui. Adorer signifie donc aimer, communier, honorer, admirer, estimer, magnifier, respecter, glorifier. De telles attitudes font également partie de l'adoration. Ďaprès ces définitions, aussi bien dans l'Ancien Testament que dans le Nouveau Testament, il n'est pas difficile de découvrir la double signification du mot « adorer ».

Dans son sens général, tout service que nous faisons pour le SEIGNEUR et tout ce que nous lui apporterons, c'est de l'adoration. Ďautres parts, il existe un acte précis d'adoration par lequel nous nous humilions et nous prosternons devant DIEU pour contempler sa sublime beauté, sa majesté et sa grandeur. L'adoration procède d'un cœur qui aime passionnément DIEU, dans une sainte crainte et une profonde admiration.

Le SEIGNEUR JESUS savait que ces deux aspects de l'adoration sont importants. En fait que toute notre vie en soit imprégnée.

Tenté par le diable qui réclamait son adoration, le SEIGNEUR lui répliqua, sévèrement « tu adoreras (**Proskuneo**) le SEIGNEUR ton DIEU, et tu le serviras (**Latreno**) lui seul » Luc 4 :8.

2. <u>Définition de la louange</u>

Examinons maintenant les richesses cachées que nous trouvons dans les différents mots utilisés pour la louange dans la bible. Nous allons étudier quelques uns de ces mots que nous employons si souvent dans notre vocabulaire chrétien, mais dont nous ignorons parfois le sens profond et la portée pratique dans nos vies.

1. **« ALLELUAH »** mot hébreux, d'où il tire son origine, veut dire « louez le SEIGNEUR ». C'est ce mot qúapparaît le plus souvent pour exprimer la louange.

Le mot **Hallal** signifie précisément : célébrer, vanter, se passionner, glorifier et être follement enthousiaste. Il est l'expression d'une extraordinaire explosion d'enthousiasme dans l'acte de louange c'est un peu ce qúune personne ressent juste 15 secondes avant la fin d'un match où son équipe favorite va gagner. S'il est vrai supporter, il se tiendra debout lèvera les mains en l'air et criera la victoire. C'est là le sens même du mot « Hallal ».

Nous devrions donc louer le SEIGNEUR, le glorifier de ses exploits et signifier sa grandeur avec un tel enthousiasme et une telle exubérance que les autres pourraient penser que nous sommes fous. La personne qui loue le SEIGNEUR de cette façon ressent un profond amour dans son cœur pour LUI.

Cela ne veut pas du tout dire qúelle agisse follement devant le SEIGNEUR, mais ce sont plutôt ceux qui l'entourent qui pensent qúelle est folle.

Voila le sens du mot Hallal. « Heureux ceux qui habitent dans ta maison. Ils peuvent te célébrer (Hallal) encore » (Psaume 84 :5)

2. **Yadah** : le deuxième mot le plus utilisé pour la louange est Yadah. Il veut dire rendre grâce publiquement et élever les mains. Dans 2 Chroniques 20 :21, lorsque les lévites allaient au devant de l'armée en louant le SEIGNEUR, ils disaient : « louez (Yadah) L'ETERNEL, car sa miséricorde dure à toujours ». tandis que les lévites levaient et exprimaient leur louange à DIEU, qúarriva-t-il ? l'ennemi fut détruit.22

« Elever vos mains vers le sanctuaire et bénissez L'ETERNEL ». Ps. 134 :2 « Esdras bénit L'ETERNEL, le grand DIEU, et tout le peuple répondirent en levant les mains : AMEN ! AMEN ! (Ne.8 :6)

Lever les mains pendant la louange est un signe d'abandon et d'amour devant DIEU. C'est là le sens du mot Yadah. « Je te bénirai donc toute ma vie ; j'élèverai mes mains en ton nom » (Ps 63 :5).

Le mot grec qui correspond à **Hallal et Yadah** dans le Nouveau Testament est **Aineo** et signifie louer. « Et soudain, il se joignit à l'ange une multitude de l'armée céleste, louant (Aineo) DIEU » (Luc 2 :13).

3. **BARAK** : voilà un autre mot pour la louange qui veut dire : bénir, s'agenouiller dans l'adoration. Se courber devant quelqúun, manifester de l'humilité et reconnaître la supériorité et la dignité de cette personne. Barak, c'est donc bénir.

En CHRIST, nous avons été bénis de toutes sortes de bénédictions spirituelles dans les lieux célestes (Ep. 1 :3). C'est pourquoi nous pouvons nous, bénir DIEU. Comment pouvons-nous le faire ? Le Ps 103 :1-2 nous dit ; « Mon âme, bénis (Barak) l'ETERNEL, que tout ce qui est en moi bénisse (Barak) son saint nom ! Mon âme, bénis (Barak) et n'oublie aucun de ses bienfaits ».

Bénissons donc le SEIGNEUR et n'oublions aucun de ses bienfaits : Le Psaume 103 énumère ses nombreux bienfaits : son pardon, sa guérison ; sa bonté, sa miséricorde, sa compassion et sa fidélité. Bénissons donc le SEIGNEUR pour toutes choses. Agenouillons-nous également devant LUI dans l'humilité et reconnaissons sa supériorité et sa dignité. Barak, c'est le louer pour ses bienfaits, mais aussi et surtout pour sa glorieuse personne.

Le mot grec le Nouveau Testament qui correspond à Barak est Eulogatos, ce qui veut dire bénir. « Béni (Eulogatos) soit le SEIGNEUR, le DIEU d'Israël de ce qúil a visité et racheté son peuple » (Luc 1 :68).

4. **Zamar** : c'est un autre mot pour la louange qui signifie, jouer d'un instrument, chanter, louer.

C'est donc là une référence à la louange interprétée avec des instruments de musique. Zamar est cité tout spécialement dans un des plus grands chapitres concernant la louange : 1 Chroniques 16 :9 « Chantez, chantez (Zamar) en son honneur ; Parler de toutes ses merveilles ». Il est intéressant de noter que dans ce chapitre, il ya 4 différents mots hébreux qui traduisent « la louange ». Au verset 35 **c'est Tehillal**, au verset 36 Barak dans la première partie et Hallal dans la deuxième partie. Il est impossible de prendre la louange sans associer celle-ci à la musique. La musique était l'expression de louange la plus pratiquée par les enfants d'Israël. Il est difficile de concevoir une louange audible sans l'aide des instruments. Qúil est merveilleux de jouer toutes sortes d'instruments en l'honneur de son GRAND NOM ! <u>PS.150</u>.

UTUKUFU RAHA,NZINGI PROTOCOLE

Le mot grec dans le Nouveau Testament pour Zamar **est Psallo**, qui veut dire chanter au SEIGNEUR avec un instrument à cordes. « Entretenez-vous par des Psaumes et des cantiques spirituels, chantant et célébrer (Psallo) de tout votre cœur les louanges du SEIGNEUR » (Ep.5 : 19).

5. **Shabach** : ce mot signifie, crier à haute voix, cri de triomphe se réjouir de la victoire. nous le trouvons par exemple dans le psaume 117 au verset 1 : « louez (Hallal) l'ETERNEL, vous toutes nations, célébrez-le (Shabach) vous tous les peuples !

La louange n'a pas besoin d'être forcément bruyante. Nous n'avons pas toujours besoin de crier. Mais il y a des circonstances où un cri de triomphe est la seule manière convenable de louer DIEU.

David dit dans le Psaume 63 :3-4 « car ta bonté vaut que la vie, mes lèvres célèbrent (Shabach) tes louanges ». Parfois, la seule manière appropriée de louer le SEIGNEUR est de crier la victoire de notre DIEU. C'est cette sorte de louange qui met le diable en fuite.

6. **Towdah** : cet autre mot pour louange veut dire : étendre ses mains en sacrifice de louange, rendre grâce.

Towdah est directement associé au sacrifice de louange. C'est donc louer le SEIGNEUR par la foi avant de voir ou de sentir quoique ce soit. « Celui qui offre pour sacrifice des actions de grâces (Towdah) me glorifie, et celui qui veille sur sa voie je ferai voir le salut de DIEU ». (PS.50 :23)

Towdah, est cette façon de louer DIEU avant même de voir la victoire ou la solution à nos problèmes. C'est offrir un sacrifice de louange en se réjouissant à l'avance de la fidélité de DIEU à l'égard de ses promesses.

7. **Tehillal** : est un autre mot hébreux pour la louange qui veux dire chanter, louer, il provient de la même racine que le mot Hallal d'où nous avons alléluia. L'accent ici est plus tôt placé sur le chant. Le chant a toujours été essentiel pour exprimer notre louange à DIEU. » Pourtant le SAINT, tu sièges au milieu des louanges (Tehillah) d'Israël » Ps.22 :4 DIEU manifeste sa puissance quand son peuple le chante de tout son cœur.

Dans 2 chron. 20 :22, nous retrouvons cette espèce de louange lorsque Israël a mis en fuite et détruit l'armée de l'ennemi : « Au moment où l'on commençait les chants et les louanges (Tehillah), l'ETERNEL plaça une embuscade contre les fils d'Ammon et de Moab et ceux de la montagne de soir qui étaient venus contre Juda et ils furent battus ».Le diable est allergique aux chants de Louange, il ne peut siéger là où les enfants de DIEU chantent de toute leur force.

8. **Ruah** : ce mot veut dire : crier de joie. Les enfants d'Israël n'avaient aucune difficulté d'exprimer leur joie dans leur relation avec l'ETERNEL.

« Venez, chantons avec allégresse à l'ETERNEL. Poussons des cris de joie vers le rocher de notre salut » (Ps.95 :1).

Cette expression de louange comprend une authenticité, une sincérité et une intensité qui demandent d'être exprimées verbalement.

Il y a bien sûr encore d'autres mots qui se rapportent à la louange dans le Nouveau Testament Tels que « **Aineai** » qui veut dire louer et signifie courage, excellence. Nous trouvons aussi « **Doxa** » qui veut dire « gloire » (Jn .9 :24), ou « **Epainoa** » pour louer, approuver (Ep.1 : 6) (psaumes) signifie chanter des louanges, des hymnes (Acte : 16 :25). Mais nous soulignons que tous ces verbes de louange servent à indiquer des expressions audibles. La louange dans l'Ancien Testament était verbale, publique et enthousiaste.

3. La louange prépare nos cœurs à adorer le

SEIGNEUR

Quelle puissante inspiration et invitation pour le chrétien d'aujourd'hui à venir louer et célébrer son Rédempteur avec toute l'intensité de son être, car il en est digne !

En résumé, nous pouvons donc dire que la louange est une forme d'adoration dans son sens général. Mais la louange est tout spécialement cet acte d'adoration que nous offrons à DIEU en LE louant d'une manière audible, vivante et joyeuse. Quant à l'adoration elle-même, elle inclut une relation d'amour, une humble révérence, une soumission volontaire passionnée de sa glorieuse personne .DIEU désire donc aussi bien la louange que l'adoration de ses enfants. Il se réjouit dans les louanges, les célébrations de son peuple, mais il recherche aussi ardemment que nous nous courbions devant LUI dans l'amour le plus ardent et la contemplation la plus profonde de sa personne admirable et adorable.

L'Eglise doit être à la fois une communauté qui adore et aussi un lieu de louange. Dans ce temps de la fin, DIEU veut revêtir son peuple d'un vêtement de louange (Es 61 :3). La louange ne sera donc pas une expérience occasionnelle. L'Eglise de fin des temps devrait en être revêtue continuellement .C'est au travers de la louange que nous entrons dans la présence de DIEU. (Ps.100 :4) et dans une vie de victoire (Ps.149 :5-6).

Notre CHRIST est donc le capitaine d'une armée de soldats qui connaissent l'importance de la louange Alléluia ! « Le peuple que je me suis formé publiera mes louanges » (Es.43 :21). En conclusion, la louange et l'adoration ne sont pas synonymes, mais intimement liées l'une à l'autre. Il est parfois difficile de savoir où se termine la louange et où commence l'adoration, c'est parce qu'elles se complètent mutuellement. Il serait donc vain de les séparer puisqu'elles forment un duo béni.

Cependant l'ordre d'application est généralement la louange d'abord puis l'adoration. La louange prépare nos cœurs à adorer le SEIGNEUR et à entrer dans sa présence.

Elle a donc une fonction indispensable. Il ne faut par conséquent, pas s'arrêter à la louange, mais poursuivre et entrer jusque dans l'adoration. Si la louange ne nous conduit pas à l'adoration, le cycle est court-circuité. La louange n'est pas une fin en soi, mais un moyen pour conduire à un but, celui de rencontrer le SEIGNEUR dans l'adoration. La louange est un prélude à l'adoration. La parole de DIEU dans le Psaume 95 nous enseigne bien cette réalité importante : « Venez, chantons avec allégresse à L'ETERNEL, poussons des cris de joie vers le rocher de notre salut. Allons au-devant de LUI avec des louanges.

L'esprit de louange : nous y trouvons de la joie, des chants, de l'allégresse, une démonstration visible d'amour qui exalte le SEIGNEUR. Mais remarquez-le bien, c'est seulement après cette exubérante manifestation de louange que le Psalmiste nous invite à adorer lorsqu'il dit « Venez, prosternons-nous (adorons) et humilions-nous, fléchissons les genoux devant L'ETERNEL notre SEIGNEUR créateur » (Ps 95 : 6).

L'adoration étant dépendante de la louange, il ne faut en aucun cas que cette dernière devienne un substitut à l'adoration .Les deux en complètent mutuellement et forment un couple qúil ne faut jamais séparer.

Louons et adorons donc notre SEIGNEUR de tout notre cœur .Alléluia !

La profondeur de notre adoration dépendra de notre conception de la grandeur de DIEU .Si notre vision de DIEU est petite et limitée, notre adoration le sera également .Connaître DIEU implique l'aimer ; et l'aimer c'est l'adorer.

Selon l'écrivain chrétien JOY LAWSON ; « Le désire suprême de Satan est que les chrétiens minimisent la grandeur de DIEU et qúils mettent en évidence le silence » .une compréhension fausse de la personne de DIEU nous empêchera d'avoir une communication intime et profonde avec lui.

IV. QUI EST DIEU ?

Notre DIEU est souverain : Il règne sur toute la terre .L'ETERNEL est ROI. Psaume 24 :1-2 « A L'ETERNEL la terre et ce qui la remplit. Le monde et ceux qui l'habitent ; car c'est LUI qui l'a fondée sur les mers et affermie sur les fleuves ». Ap.11 :15 « Le septième ange sonna de la trompette.

Et des voix fortes retentirent dans le ciel en disant : le royaume du monde est passé de notre SEIGNEUR et à son CHRIST. Il régnera aux siècles des siècles. Notre DIEU est Puissant et Majestueux. Sa puissance est illimitée. Il donne la force à son peuple. « L'ETERNEL règne, il est revêtu de majesté. L'ETERNEL est revêtu, il est ceint de la force. Aussi le monde est ferme, il ne chancelle pas ».Psaume 93 :1

« La splendeur et la magnificence sont devant sa face. La gloire et la majesté sont dans son sanctuaire ». Psaume 96 :6

En adorant, nous sommes environnés de sa beauté, de sa splendeur et de sa force. Devant DIEU si grand et si Majestueux, comment ne pas tomber à ses pieds et l'adorer ?

Notre DIEU est le Créateur de l'Univers

« Au commencement DIEU créa le ciel et la terre ». <u>Genèse 1 :1</u>

« Fils de DIEU, rendez à L'ETERNEL gloire et honneur ! » <u>Psaume 29 :1</u>

« L'ETERNEL : tu me sondes et tu (me) connais ». <u>Psaume 139 :1</u>

Notre DIEU est un DIEU Glorieux.

« Portes, élevez vos linteaux ; Elevez-les, portes éternelles ! Que le roi de gloire fasse son entrée ! Qui donc est ce roi de gloire ? L'ETERNEL des armées : voilà, le roi de gloire » <u>Psaumes 24 :9-10</u>

« La Parole a été faite chair, et elle a habité parmi nous, pleine de grâce et de vérité ; et nous avons contemplé sa gloire, une gloire comme du Fils unique venu du Père ».<u>Jean 1 :14</u>

« Ce Fils qui est le rayonnement de sa gloire et l'expression de son être, soutient toutes choses par sa parole puissante ; après avoir accompli la purification des péchés, il s'est assis à la droite de la majesté divine dans les lieux très haut ». <u>Hébreux 1 :3</u> « Mais Etienne, rempli du Saint-Esprit...vit la gloire de Dieu et JESUS debout à la droite de DIEU ». <u>Actes 7 :55</u>

« ...Dans le palais du SEIGNEUR tous proclament : « Gloire à DIEU ». Ps 29 :9b

Notre DIEU est Omnipotent, Omniprésent

Sa connaissance du passé, du présent et du futur est parfaite et infinie. Sa compréhension est illimitée. « Dès le début j'ai annoncé mon but.

Longtemps à l'avance j'ai prédit ce qui n'a pas encore eu lieu. Je dis : voici mon   projet, il se réalisera. Tout ce que je veux, je le fais ». Esaïe 46 :10. « Notre SEIGNEUR est grand, sa   force est immense, ainsi que son savoir-faire ». Psaume 147 :5

« Nulle créature n'est cachée devant Lui, mais tout est à nu et à découvert aux yeux de celui à qui nous devons rendre compte ».Hébreux 4 :13 Quant à vous, même vos cheveux sont tous comptés ». Mathieu 10 :30 DIEU est présent partout en même temps.

« En effet, existe-t-il une autre nation, même parmi les grandes qui ait des dieux aussi proches d'elle que le SEIGNEUR notre DIEU l'est pour nous chaque fois que nous l'appelons à l'aide ? ».

« DIEU est pour nous un abri sûr, un secours toujours prêt dans la détresse ». Psaume 46 :2. « ...Et sachez-le : je vais être avec vous, tous les jours, jusqu'à la fin du monde ». Mat. 28 :20

Notre DIEU est un DIEU de sainteté, de justice et d'amour.

V. (A) JESUS-CHRIST EST LE CENTRE DE NOTRE ADORATION

La Bible affirme que JESUS-CHRIST est le seul médiateur entre DIEU et les hommes, c'est la raison pour laquelle sur cette terre, <u>il sera toujours le centre de notre adoration.</u> « Car il y a un seul DIEU et aussi un seul médiateur entre DIEU et les hommes, JESUS CHRIST homme, qui s'est donné lui-même en rançon pour tous ».<u>1Tim.2 :5</u>

JESUS-CRIST est aussi centre de l'adoration dans le ciel. Nous l'adorons parce qúil est au milieu du trône. Le Père est assis sur le trône et l'Agneau est au milieu du trône. « Et je vis au milieu du trône et à quatre être vivants et au milieu des vieillards, un agneau qui était comme immolé.

Il avait sept cornes qui sont les sept esprits de DIEU envoyés par toute la terre. Il vint, et il prit le livre de la main droite de celui qui était sur le trône » (Apocalypse : 5 :6).

JESUS-CHRIST est le cœur même de toute adoration dans le ciel. Il n'est plus sur la croix. Il est au ciel, exalté « au-dessus de toute domination, de toute autorité, de toute puissance, de toute dignité et de tout nom qui se peut nommer, non seulement dans le siècle présent, mais encore dans le siècle à venir » <u>Ephésiens : 1 :21</u>

JESUS- CHRIST est DIEU

...L'Apôtre Jean affirme clairement qúil est le DIEU véritable ; « Nous sommes dans le véritable en son Fils JESUS-CHRIST. C'est lui qui est Le DIEU véritable, et la vie éternelle. Petits enfants gardez-vous des idoles ». 1 Jean 5 :20-21.

Puisqúil est DIEU, c'est à lui seul que nous devons l'adoration. Adorer même prier DIEU au travers d'une autre personne que son Fils JESUS-CHRIST, c'est de l'idolâtrie. Le prophète Esaïe en annonçant sa venue, dira de LUI : « On l'appellera Admirable, Conseiller, DIEU Puissant, Père, Prince de la paix, Père éternel ». Es. 9 :5 loué soit le SEIGNEUR !

L'Apôtre Jean nous fait remarquer que dans le ciel toute la création place JESUS, l'Agneau de DIEU, au même rang d'égalité que son Père, le DIEU Tout- Puissant. Il écrit : « Et toute les créatures qui sont dans le ciel, sur la terre, sous la terre, sur la mer et tout ce qui s'y trouve, je les entendis qui disaient : A celui qui est assis sur le trône et à l'Agneau soient la louange, l'honneur, la gloire e t la force, aux siècles des siècles ! » Apocalypse : 5 :13.

Les preuves de la divinité de JESUS

Lorsque JESUS était sur la terre, des hommes et des femmes l'ont adoré ; les mages, les bergers, Siméon et Anne dans le temple, ainsi que ses disciples l'ont également fait. Thomas s'est écrié en le voyant après sa résurrection : « Mon Seigneur et mon DIEU ! ». Jean 20 :28.

JESUS qui enseignait aux autres à adorer DIEU seulement, n'aurait certainement jamais permis à personne de l'adorer s'il n'en avait pas été digne. En acceptant l'adoration des hommes, JESUS confirmait lui-même sa divinité.

JESUS a dit dans l'enseignement : « le Père ne juge personne mais il a permis tout jugement au Fils afin que tous honorent le Fils comme ils honorent le Père. Celui qui n'honore pas le Fils n'honore pas le Père qui l'a envoyé ; Jean 5 :23. En d'autres termes, refuser d'adorer le Fils, c'est déshonorer le Père et rejeter le Fils c'est aussi rejeter le Père. Si nous voulons honorer le Père nous devons également honorer et adorer le Fils. Sans JESUS-CHRIST, il est absolument impossible d'adorer le Père.

La vie exceptionnelle et parfaite de JESUS a prouvé qúil était véritablement DIEU. La Bible nous donne plusieurs preuves. En voici quelques-uns qui sont essentielles :

1. JESUS a été conçu par le Saint-Esprit

Rappelons-nous cette magnifique scène. Un ange vient vers Marie et lui dit que DIEU l'a choisi pour enfanter son Fils dans le monde (Luc 1 :26-38).

JESUS n'avait pas de Père humain. Il fut miraculeusement conçu par le Saint-Esprit ; IL est donc DIEU. Jamais dans le monde il n'y a pas eu de naissance comparable à la sienne. Nous nous émerveillons de cet événement extraordinaire qui ne peut être qúune manifestation miraculeuse de la puissance de DIEU. « Y a-t-il rien d'impossible pour DIEU ; ce n'est pas surprenant que les anges aient réagi devant une telle manifestation de la splendeur de DIEU dans les lieux très haute » Luc 2 :13-14 ! Alléluia !

2. JESUS a vécu sans commettre de péché

La Bible déclare : « Lui qui n'a jamais commis de péché et dans la bouche duquel il ne s'est point trouvé de fraude » 1

Pierre 2 :22. « Il a été tenté comme nous en toutes choses, sans commettre du péché » Hébreux 4 :15

Tous les hommes sans exception sont pécheurs ; Romains 3 :23.

Seul JESUS était sans péché. Personne n'a pu lui reprocher quoi que ce soit, pas même ses ennemis. Pilate lui aussi a dû s'incliner devant la vie parfaite de JESUS et avouer, « je ne le trouve coupable d'aucune des choses dont vous l'accusez » Luc 23 :14. JESUS était saint, innocent, sans tâche, séparé des pécheurs et parfait. Héb. 7:26-28.Gloire à son saint Nom!

3. JESUS est le seul à pouvoir pardonner les péchés

Personne ne peut pardonner les péchés sinon DIEU seul. JESUS, en tant que Dieu possédait aussi ce pouvoir. Un jour, il dit à un homme paralytique : « tes péchés te sont pardonnés ». Immédiatement, les pharisiens murmurent en disant : « Qui peut pardonner les péchés si ce n'est DIEU seul ». Pour une fois, ils avaient raison. Mais afin de leur montrer qúil était DIEU, JESUS dit : « Or, afin que vous sachez que le Fils de l'homme a sur la terre le pouvoir de pardonner les péchés, je te l'ordonne, dit-il au paralytique, lève-toi, prends ton lit, et va dans ta maison » Marc 2 :3-12. Oui, JESUS a le pouvoir de pardonner nos péchés parce qúil est DIEU. Loué soit notre SAUVEUR !

4. JESUS a fait des miracles extraordinaires

Il a purifié les lépreux, rendu la vue aux aveugles, fait marcher les paralytiques, ressuscité les morts, fait parler les muets et entendre les sourds. Il a aussi marché sur les eaux, calmé la mer et le vent. Il a nourri des milliers de personnes avec seulement cinq pains et deux poissons et fait encore d'innombrables autres miracles qui ne sont pas écrits dans la Bible. Mais toutes ces choses sont été faites afin que nous croyions qúil est le CHRIST, le Fils de DIEU et qúen croyant nous ayons la vie en son nom ; Jean 20 :30-31. Nicodème vint une nuit le voir et lui dit: « Personne ne peut faire les miracles que tu fais, si DIEU n'est avec lui » ; Jean 3 :2. Ce n'est pas étonnant que la foule glorifiant DIEU en voyant tous les miracles que JESUS faisait. Elle disait : « il fait tout à merveille » Gloire à DIEU !

5.   JESUS a offert sa vie en sacrifice pour le péché

«CHRIST aussi a souffert une fois pour les péchés, lui juste pour l'injuste, afin de nous amener à DIEU » 1 Pi.3 :18.

JESUS est digne d'être adoré à cause de la mort qúil a soufferte. Tout le chapitre cinq de l'Apocalypse nous montre que la multitude dans le ciel l'adore à cause de son sacrifice expiatoire. Les vingt-quatre vieillards l'adorent en disant : «Car tu as été immolé, et tu as racheté pour DIEU par ton sang des hommes de toute tribu...»Ap. 5 :9. Les anges se prosternent et l'adorent également et disant d'une voix forte : « Agneau qui a été immolé est digne de recevoir la puissance, l'honneur et la gloire aux siècles des siècles ». Apocalypse 5 :2-13.

L'Apôtre Paul lui aussi, affirme que CHRIST est digne d'être adoré à cause de ses souffrances et de sa mort expiatoire. « Il s'est humilié lui-même, se rendant obéissant jusqúà la mort, même la mort de la croix.

C'est pourquoi aussi DIEU l'a souverainement élevé et lui a donné le nom qui est au-dessus de tout nom afin qúau nom JESUS tout genou fléchisse dans les cieux, sur la terre et sous la terre, et que toute langue confesse que JESUS-CHRIST est SEIGNEUR à la GLOIRE DE DIEU le Père ». Philippiens 2 :6-11.

Digne est notre SAUVEUR ! A LUI soit la gloire et la puissance pour toujours !

6. JESUS est ressuscité d'entre les morts

Sa résurrection est la preuve irréfutable que JESUS est DIEU. Personne, excepté JESUS-CHRIST n'est ressuscité des morts. Aucun Roi, aucun dictateur, aucun savant, président ou empereur n'a jamais été capable de vaincre la mort. Seulement JESUS a triomphé d'elle en ressuscitant. Il est vivant au siècle des siècles ; Alléluia ! La résurrection de JESUS est un fait historique. Mais nous devons nous poser une question cruciale. Pourquoi JESUS est-il ressuscité des morts ? La réponse est simple ; le monde l'a considéré comme indigne de vivre, blasphémateur et imposteur, parce qúil prétendait être le Fils de DIEU. C'est pourquoi selon LUI ? Il devait mourir ; la crucifixion fut donc le verdict que LUI infligèrent les hommes, mais DIEU n'avait pas dit son dernier mot.

En ressuscitant JESUS, DIEU renversa totalement leur verdict en prouvant ainsi qúil était véritablement le Fils de DIEU. JESUS avait donc bien dit la vérité.

JESUS le ressuscité apparut à Jean sur l'île de Patmos, lui adressant un glorieux message d'espérance : « Ne crains point : je suis le premier et le dernier, et le vivant. J'étais mort et voici je suis vivant aux siècles. Je tiens les clefs de la mort et du séjour des morts » Ap. 1 :17-18. Gloire à notre vivant Rédempteur!

7. JESUS est monté au ciel

Là encore, sa divinité s'est révélée d'une manière éclatante par son ascension miraculeusement au Ciel. JESUS le ressuscité conduisit ses disciples jusque vers Béthanie et ayant levé les mains, Il les bénit. Pendant qúil les bénissait il se sépara d'eux et fut enlevé au ciel. Devant un tel spectacle de la grandeur de DIEU, la Bible dit que ses disciples l'adorèrent puis s'en retournèrent à Jérusalem dans une grande joie et ils étaient continuellement dans le temple louant et bénissant DIEU ; Luc 24 :50-51. Une telle démonstration de la puissance de notre SAUVEUR ne nous pousse-t-elle pas à l'adorer et à nous prosterner à ses pieds comme les premiers disciples ? Il est vivant ; Ill est véritablement le Fils de DIEU ! Alléluia !

VI. (B) JESUS-CHRIST EST DIGNE DE NOTRE ADORATION

Dans le chapitre quatre de l'Apocalypse, il est écrit que c'est le « DIEU Tout-puissant » qui est l'objet de notre adoration et dans le chapitre cinq, nous remarquons une autre personne également digne de notre adoration, JESUS-CHRIST, le « Lion de la tribu de Juda », le « Rejeton de David » et « l'Agneau immolé ». Dans ce chapitre nous voyons que « digne » est utilisé quatre fois rapport avec l'adoration de notre SEIGNEUR JESUS-CHRIST. Dans ce dernier livre de la bible, JESUS est cité vingt-huit fois comme l'agneau, car le thème central de l'Apocalypse est précisément l'agneau.

Il associe la colère de DIEU à « La colère de l'agneau » Apocalypse.6 :16

Il est aussi question des saints de la grande tribulation qui ont lavé leurs robes et les ont blanchis dans « le sang de l'Agneau »

Le trône éternel dans le Ciel est le trône de Dieu et l'Agneau. Apocalypse 22 :3. Eliminez l'Agneau de l'Apocalypse, c'est-à-dire la croix, et il ne reste plus grand-chose.

a) **JESUS est digne de notre adoration à causse de son RANG**

Quatre titres sont attribués au SEIGNEUR JESUS-CHRIST dans le chapitre cinq de l'Apocalypse. Ces différentes qualifications seront pour nous une grande source d'inspiration qui nous permettrons de l'adorer avec encore plus de consécration et de ferveur.

JESUS est «Le lion de la tribu de Juda » (AP 5 : 5) c'est-à-dire le conquérant : Il est aussi le« rejeton de David » (Ap5 : 5) c'est–à-dire le Roi et dans le verset AP : 6-12 il est appelé encore l'agneau de DIEU ». C'est-à-dire le Sauveur. La quatrième fonction de sa position « au milieu du trône » ce qui fait de LUI le Fils éternel de DIEU.

b) JESU-CHRIST est digne de notre adoration à cause de son CARACTERE

JESUS est « le Lion de la tribu de Juda ». Il est donc fort, puissant, invincible et exerce son autorité et sa puissance en faveur de son peuple. Personne ne LUI résiste et ne pourra tenir devenir devant LUI lors de la manifestation de sa juste colère. Apocalypse : 6 ; 17.

JESUS est « le rejeton de David » Il est le Roi éternel, l'héritier de la promesse qui s'assiéra pour toujours sur le trône de David. Toute puissance, autorité, domination, et force sont entre ses mains. Peu importe ce que les rois de la terre peuvent faire, le Roi des rois contrôle et gouverne tout en faveur de son Peuple.

c) JESUS « est l'Agneau de DIEU »

JESUS est celui qui a offert sa vie en sacrifice pour le péché. Il est doux et humble du cœur, toujours plein d'amour et de compassion à notre égard.

Le prophète Esaïe a écrit : « Il a été maltraité et opprimé et il n'a point ouvert la bouche. Semblable à un agneau qúon mène à la boucherie, à une brebis muette devant ceux qui la tordent, Il n'a point ouvert la bouche » Es.53 :7. Seul le sang de CHRIST, versé pour nous, nous donne le droit de l'adorer, car sans la croix, il n'y a pas d'adoration possible.

d) JESUS est « celui qui est au milieu du trône »

JESUS-CHRIST est le Fils éternel de DIEU. Il est l'Alpha et l'Oméga, le premier et le dernier, le commencement et la fin. Ap. 22 :13. De toute éternité, Il était avec son Père, Il jugera les vivants et les morts. Il est le roi des rois et le Seigneur des seigneurs.

A LUI la gloire et l'honneur aux siècles des siècles !

e) JESUS-CHRIST est digne de notre adoration à cause de son pouvoir.

Personne ne peut s'imaginer l'étendue de son pouvoir. Lui-même a dit : « tout pouvoir m'a été donné dans les cieux et sur la terre » Mat.28 :18.

L'Apôtre Jean nous dit que « tout ce qui a été fait a été fait par LUI et rien de ce qui a été fait n'a été fait sans LUI » Jean 1 :3.

JESUS seul fut trouvé capable d'ouvrir le livre et les sept sceaux afin de nous racheter et de faire de nous des rois et des sacrificateurs pour notre DIEU …. Ap.5 :9-10. C'est la raison pour laquelle, Il est digne de recevoir la puissance, la richesse, la sagesse, la force, l'honneur, la gloire et la louange : Apocalypse .5 :12 de la création tout entière.

VII. (C) JESUS EST VENU POUR NOUS REVELER LE PERE

Oui, JESUS-CHRIST est absolument digne de notre adoration car il est aussi venu nous révéler le Père. Si nous voulons savoir qui est DIEU le Père, JESUS-CHRIST seul le révélera. Lui-même a dit : « le Fils ne peut rien faire de Lui-même, il ne fait que ce qúil voit faire au Père ; et tout ce que le Père fait, le Fils aussi le fait, si nous voulons connaître les pensées, paroles et actions du Père nous n'avons qúà regarder à JESUS. La révélation de DIEU au travers de son Fils était si parfaite que JESUS Lui-même pouvait dire : « Croyez-moi, je suis dans le Père, et le Père est en moi » Jean 14 :11. Oui, voir JESUS, c'est voir le Père. Connaître JESUS, c'est connaître le Père. Il a pleinement et définitivement révélé son amour au travers de la vie, de la mort et de la résurrection de son Fils bien-aimé.

Connaître JESUS –CHRIST, c'est vraiment réaliser la grandeur de l'amour de DIEU le Père pour chacun d'entre nous. Quelle suprême motivation pour notre adoration ! Oh ! Venons tous L'adorer : Digne est l'agneau de recevoir notre hommage et notre reconnaissance éternellement ! Amen!

VIII. ADORER AVEC UN CŒUR RECONNAISSANT

1. l'action de grâce, la louange et l'adoration

« Entrez dans mes portes avec des actions de grâce, dans mes parvis avec des louanges, célébrez-le, bénissez son nom ! (Ps 100 :4- version Darby).

Si nous voulons réjouir LE SEIGNEUR, il est important de savoir comment nous approcher de Lui et connaître les principales étapes à franchir pour entrer dans sa présence : la première étape est l'action de grâce, la deuxième la louange et la troisième est l'adoration. Ces trois réalités bibliques sont intimement liées entre elles et ne peuvent être séparées.

Sans vouloir être dogmatique, il est cependant important d'en respecter l'ordre. Nul ne pourra, en effet vraiment adorer le SEIGNEUR, s'il n'a d'abord pas appris à Le louer, et nul ne pourra efficacement Le louer sans avoir un cœur de reconnaissance. Un esprit de gratitude nous préparera à louer LE SEIGNEUR et un esprit de louange nous conduira dans la présence de DIEU pour l'adorer. Si nos cœurs sont débordants de reconnaissance envers DIEU, nous n'aurons qúune envie, Le louer, et plus nous le louerons, plusieurs éprouveront le désir de l'adorer.

Beaucoup de chrétiens pensent que l'action de grâce, la louange et l'adoration sont synonymes ou interchangeables. Toutefois, nous devons savoir que dans la bible, ces trois expressions ont un sens bien différent qúil est important de connaître. Ďune manière générale, dans ľaction de la louange nous proclamons et admirons la personne de DIEU et ses œuvres et dans ľadoration nous expérimentons une relation ďamour et ďintimité profonde avec Lui qui aura pour consécration totale de notre être.

2. Ľimportance ďavoir un cœur reconnaissant

Pour adorer, il est primordial ďavoir un cœur reconnaissant. Un chrétien ingrat non seulement ne pourra devenir un bon adorateur, mais il n'en aura ni ľintention ni le désir. Ce n'est qúun cœur rempli ďaction de grâce qui pourra avoir accès à la présence de DIEU et expérimenter une joie profonde dans la louange et ľadoration.

Dans le Nouveau Testament, un des mots les plus utilisés pour « action de grâce » vient du grec **« charis »** qui signifie **« faveur imméritée »**. En ďautres termes rendre des « actions de grâces » c'est remercier DIEU pour ses faveurs imméritées. C'est tout simplement Lui dire « merci » du fond de notre cœur pour ses innombrables bénédictions quotidiennes.

Le signe distinctif ďun chrétien né de nouveau devrait être son esprit de gratitude. Ľapôtre Paul exhorte les chrétiens ďEphèse à vivre leur vie nouvelle en CHRIST en disant : « Qúon n'entende ni paroles déshonnêtes, ni propos insensés ni, plaisanteries, choses qui sont contraires à la bienséance ; qúon entende plutôt des actions de grâce ». Ephésiens 5 :4. Les actions de grâce devraient donc remplacer toutes nos paroles vaines, légères et blessantes.

Quelqúun a dit qúil existe deux types de chrétiens dans le monde : ceux qui considèrent toutes choses comme un dû

et ceux qui reçoivent tout avec reconnaissance. Un serviteur de DIEU a fait un jour la remarque suivante ; « **Ce ne sont pas les biens qúun homme possède qui le rend heureux, mais son esprit de gratitude à leur égard** ».

3. L'ingratitude, un signe de la fin de temps

La personne ingrate est celle qui par ses actes ou son comportement n'a aucune reconnaissance pour les bienfaits ou les services reçus. L'Apôtre Paul nous rend attentifs au fait que l'ingratitude sera un des signes de la fin des temps : « Sache que dans les derniers jours, les hommes seront ... ingrats 2 Tim. 3 :2-3. Il la considère également comme une des causes de la détérioration, de la dégénérescence de l'humanité en révolte contre DIEU : « Ils sont donc inexcusables puisque, ayant connu DIEU, ils ne l'ont point glorifié comme DIEU, et ne LUI ont point rendu grâce » ; mais ils se sont égarés dans les ténèbres. Se ventant d'être sages, ils sont devenus fous ». Romains 1 :20-22

Dans un certain sens, l'ingratitude est une des racines du péché. Elle nous parle de notre indifférence à l'égard des nombreux bienfaits dont nous jouissons chaque jour et que nous considérons comme un dû. L'ingratitude n'est pas, par ailleurs, indifférente à l'égard de malheur d'autrui. Si nous sommes ingrats quant à nos propres bénédictions, à combien plus forte raison, nous sommes aveugles, sourds et muets à l'égard des besoins de notre prochain. Etre ingrat, c'est faire preuve d'insouciance et même de négligence alors que nous devrions nous sentir concernés par la misère des autres et chercher à les aider.

L'ingratitude nous parle également d'indifférence à l'égard de DIEU. C'est littéralement de l'impiété. L'ingrat n'a aucune humilité parce qúil n'a ni la compréhension de DIEU, ni celle de son humanité. Il est lui-même le centre de son petit monde et est enfin de compte, son humilité parce qúil n'a ni la compréhension de DIEU, ni celle de son humanité. Il est lui-même le centre de son petit monde et est enfin de compte, son propre DIEU. Le manque de reconnaissance indique une sérieuse lacune dans le caractère de cette personne.

La gratitude, par contre, est le sentiment d'affection et de reconnaissance que l'on ressent envers son bienfaiteur. Le chrétien qui a un esprit de gratitude est donc différent des autres. Il a appris à louer DIEU pour ses bontés qui se renouvellent chaque matin et jouit de chaque instant de la vie. Il sait reconnaître que DIEU est la source de toutes ses bénédictions, c'est pourquoi il ne cesse de s'épanouir. Il a un cœur débordant d'amour et de louanges pour son sauveur.

4. Savoir compter les bienfaits de DIEU

Quelqúun a dit un jour : « Si vous pensez ne pas avoir de raisons suffisantes pour manifester votre reconnaissance, prenez un livre de médecine et faites une liste de toutes les maladies que vous n'avez pas ». Il y a tant de choses pour lesquelles nous devrions être reconnaissants. Avons-nous remercié LE SEIGNEUR pour notre santé et pour ce merveilleux corps qúil nous a donné. Lui avons-nous dit merci pour sa protection journalière, année après année, et pour le pain quotidien, l'eau, le vêtement, le logement,... ?

Lui sommes-nous reconnaissants pour le soleil, la pluie, les nuages, la chaleur, les sources, les ruisseaux, les rivières, les lacs et les océans ?

Remercions-le aussi pour les montagnes, les vallées, la végétation, les arbres, les fleurs, les oiseaux, les animaux, et les poissons, toute cette nature merveilleuse au sein de laquelle Il nous a placés.

Disons-lui merci pour notre famille, notre mari, notre femme, nos enfants, nos frères, nos sœurs, nos oncles, nos tantes, nos grands-parents, nos petits-enfants, nos amis Remercions-le pour notre travail, nos responsables, nos collègues, nos subordonnés. Apprenons aussi à LE remercier dans le danger, les difficultés et les épreuves, car elles fortifient notre foi, éprouvent nos caractères en nous empêchant de devenir, paresseux et égoïstes.

Rendre grâces à DIEU pour ses bénédictions devrait être la chose la plus facile à faire et pourtant c'est ce que nous oublions le plus souvent.

David le psalmiste, lui, avait pris la décision de ne pas L'oublier, c'est pourquoi il dit : « Mon âme bénis L'ETERNEL et n'oublie aucun de ses bienfaits. Ps.103 :2. Un chrétien, plus que quiconque, a toutes les raisons du monde pour exprimer sa reconnaissance à DIEU .Il a DIEU pour **Père, JESUS pour Sauveur, le SAINT-ESPRIT pour Consolateur, les anges pour compagnons et la Bible pour guide.** Son cœur ne devrait-il pas déborder d'amour et de gratitude rien qúen pensant à toutes ces précieuses bénédictions.

Soyons tout particulièrement, reconnaissants envers DIEU Lui-même, pour son amour, sa miséricorde, sa grâce, sa bonté, sa justice, son intégrité, sa perfection, sa sainteté. Soyons aussi infiniment reconnaissants envers JESUS CHRIST notre SAUVEUR pour son abaissement, sa vie, sa voix, sa résurrection, sa triomphe finale et la promesse de son prochain retour. « Tout genou fléchira et toute langue confessera que JESUS-CHRIST EST SEIGNEUR à la gloire de Dieu le Père »Phil.2 :10-11.

5. Etre reconnaissant en toutes circonstances

L'apôtre Paul nous exhorte en disant : « Rendez grâces en toutes choses car c'est à votre égard la volonté de DIEU en JESUS-CHRIST »1Thes.5 :18 Voilà sa volonté pour que nous lui soyions continuellement reconnaissants. Cela ne veut cependant pas dire que nous devons rendre grâces pour toutes les mauvaises choses qui nous arrivent, car dans les écritures, nous ne voyons jamais LE SEIGNEUR JESUS ou les apôtres faire cela. Ce que l'apôtre veut dire dans le verset ci-dessus, c'est que nous devons rendre grâces à DIEU en toutes choses et non pour toutes choses. Il y a là une grande différence.

Nous devrions donc apprendre à rendre grâces à notre DIEU indépendamment des circonstances bonnes ou mauvaises qui nous entourent et reconnaître qúil est souverain et qúil fera concourir toutes choses ensemble pour notre bien. Romain 8 :28.

Pendant sa longue période d'emprisonnement à Bedford, en Angleterre, le célèbre prédicateur John Bunyan se fabrique une flûte avec un des Pieds de l'unique tabouret de sa prison. Là, assis dans ce lieu sordide, sombre et aux odeurs nauséabondes, il joue sur sa flûte des mélodies et des louanges au SEIGNEUR. Au sein de cette douloureuse épreuve, grâce à son esprit de reconnaissance envers DIEU, il fut consolé et reçut l'inspiration pour écrire un des livres chrétiens les plus connus : Le voyage du Pèlerin. Ce livre est d'ailleurs devenu une source d'encouragement et de bénédiction pour une multitude de chrétiens. Combien l'esprit de gratitude de Bunyan dans de telles circonstances a dû réjouir le cœur de son SAUVEUR ! Qui, un cœur reconnaissant peut être parfaitement heureux dans une cabane, tandis que l'ingrat se sentira misérable même dans un Palais.

Cet esprit de reconnaissance ne devrait donc pas seulement se manifester pendant les bons moments de notre vie, mais aussi dans les moments difficiles.

Daniel le prophète rendait grâce à DIEU alors qúil était menacé de mort ; Daniel 6 :10. L'Apôtre Paul savait lui aussi garder un esprit de gratitude même au sein du naufrage de son bateau ; Actes 27 :35.

Matthieu Henry, le grand commentateur, biblique avait également appris à rendre grâces à DIEU dans les circonstances les plus tragiques. Il avait un jour été volé et voici ce qúil a écrit dans son journal concernant cet événement : « Je veux être reconnaissant envers DIEU pour quatre raisons : Premièrement, parce que je n' ai pas été volé avant ; deuxièmement, par ce qúils ont pris mon argent, mais non ma vie ; troisièmement, parce qúils m'ont tout pris, mais en fait ce n'était pas grand-chose, et enfin je suis reconnaissant envers LE SEIGNEUR d'avoir seulement été volé et de ne pas être le voleur ».

Quel bel exemple d'un cœur reconnaissant en toutes circonstances !

6. Savoir témoigner notre reconnaissance aux autres

Il nous faut non seulement apprendre à remercier LE SEIGNEUR pour ses nombreuses bénédictions, mais savoir également montrer notre reconnaissance envers ceux qui ont été une bénédiction pour nous.

Un jour, un homme se trouva dans une profonde dépression nerveuse et dut être hospitalisé. Un ami lui fit alors la suggestion suivante : « Pourquoi ne ferriez-vous pas une liste de toutes les personnes qui vous ont aidé et ne leur enverriez-vous pas une lettre de remerciement ? « cet acte amorça aussitôt le début de sa guérison. Il écrivit entre autres à une institutrice qui durant ses études lui avait donné des cours supplémentaires pour l'aider. Elle lui répondit peu après en disant : « Quand j'ai reçu votre lettre, j'ai été profondément touchée et mes yeux se sont remplis de larmes. J'ai enseigné pendant 50 ans et vous êtes la première personne à savoir envoyer une lettre de reconnaissance. J'en garderai un précieux souvenir tous les jours de ma vie ».

Combien nous - pouvons encourager notre prochain, simplement en lui disant « merci ». Vous rappelez-vous quelqúun qui a été une bénédiction dans votre vie, Lui avez-vous témoigné votre reconnaissance ? Voulez-vous le faire aujourd'hui ?

Un chrétien reconnaissant saura toujours apprécier les dons ou bénédictions que DIEU lui donne. C'est seulement celui qui a un cœur rempli de gratitude qui pourra être avec l'Apôtre Paul : «Car j'ai appris à être content de l'état où je me trouve. Je sais vivre dans l'humiliation, et je sais vivre dans l'abondance. En tout et partout j'ai appris à être rassasié et à avoir faim, à être dans l'abondance et à être dans la disette. Je puis tout par celui qui me fortifie » Phil 4 :11-13.

Oui, un cœur reconnaissant glorifie DIEU et nous introduit toujours plus dans sa glorieuse présence pour l'adorer. Rien ne touche plus profondément LE SEIGNEUR que de voir ses enfants Lui témoigner leur gratitude pour ses nombreux bienfaits. Sa plus grande joie sera alors de se révéler à nous et de nous bénir encore plus. C'est pourquoi nous devons abonder en action de grâce. Col.1 :12 :17. « Celui qui offre pour sacrifice des actions de grâces me glorifie ». Psaumes 50:23.

IX. COMMENT EXPRIMER SA LOUANGE

1. Louez LE SEIGNEUR avec votre voix

« Je bénirai L'ETERNEL en tout temps ; sa louange sera toujours dans ma bouche; Psaumes 34 :2 « L'ETERNEL est ma force et mon bouclier, en lui mon cœur se confie, et je suis secouru. J'ai de l'allégresse dans le cœur et je Le loue par mes chants ». Psaumes.28:7. Commencez votre journée en louant LE SEIGNEUR.

2. Louez LE SEIGNEUR avec des cris de joie

« Poussez vers L'ETERNEL des cris de joie ».Ps.47 :2 « lorsque l'arche de l'alliance de L'ETERNEL entre dans le champs, tout Israël poussa des grands cris de joie, et la terre en fut ébranlée » ; 1Sam4 :4-5. « Justes, réjouissez-vous en L'ETERNEL et soyez dans l'allégresse ! Poussez des cris de joie, vous tous qui êtes droits de cœur ». Ps.32:11.

3. Louez LE SEGNEUR avec des chants

« Chantez, chantez en son honneur » 1Chron.16 :9 «Marie répondit aux enfants d'Israël ! Chantez à l'Eternel, car il a fait éclater sa gloire. Il a précipité dans la mer le Cheval et son cavalier » ; Juges 5:3. « Je louerai l'Eternel à cause de sa justice, je chanterai le nom de l'Eternel, du très haut » Psaumes7 :18. J'ai l'allégresse dans le cœur, à cause de salut. Je chante à l'Eternel, car il m'a fait du bien ». Psaumes 13 :6

« Entretenez-vous par des psaumes des hymnes, et par des cantiques spirituels, chantant et célébrant de tout votre cœur les louanges du seigneur » Ep.5 :19.

4. Louez LE SEIGNEUR en vous levant devant Lui

Se tenir debout est toujours un signe de respect. Si quelqúun entre dans une pièce, ceux qui y sont présents se lèvent par respect pour leur visite.

Bien souvent, LE SAINT-ESPRIT nous inspirera à nous tenir debout dans la présence du SEIGNEUR en témoignage d'honneur et de respect. « Voici, bénissez l'Eternel pendant les nuits ».

Psaumes 134 :1 « Voici, bénissez l'Eternel, vous tous, serviteur de L'Eternel, qui vous tenez dans la maison de L'Eternel pendant les nuits ». « Louez le nom de l'Eternel. Louez-le, serviteurs de l'Eternel, qui vous tenez dans la maison de l'Eternel ;... » Psaumes 135 :1-2.

5. Louez LE SEIGNEUR en levant les mains

Levez les mains est un signe universel de capitulation. En élevant nos mains vers LE SEIGNEUR, nous reconnaissons que nous Lui sommes entièrement soumis. Nous Lui disons que nous sommes à Lui sans condition que nous n'avons aucun désir de nous rebeller contre Lui. Obéissant à la Parole de DIEU nous levons les mains pour Le louer, nous ressentons une grande libération intérieure et nous sommes ainsi disposés à exprimer notre louange autrement. « Elevez les mains vers le sanctuaire et bénissez L'ETERNEL » ; Psaumes.134 :2. Ce geste peut être aussi un signe de supplication : « Ecoute la voix de mes supplications quand je cris à toi, quand j'élève mes mains vers ton sanctuaire » ; Psaume 28 :2.

Ce geste représente également un acte symbolique de notre soif intense de DIEU. « J'étends mes mains vers toi .Mon âme soupire après toi, comme une terre desséchée » ; Psaumes 143 :6.

Lever les mains reflète aussi la condition de notre être intérieur. Avoir les « mains propres » est une expression souvent employée pour décrire l'état de notre cœur, Ainsi, élever les mains vers LE SEIGNEUR peut-être pour nous un moyen de LUI confesser notre péché. « Je veux donc que les hommes prient en tout lieu, en élevant des mains pures, sans colère ni mauvaises pensées ; 1Timothée :2 :8

6. Louez LE SEIGNEUR en battant des mains

Nous montrons généralement notre admiration ou notre approbation à quelqúun en frappant des mains. Quand un pianiste donne un concert et qúil est très apprécié par la foule, celle-ci régit spontanément en applaudissant. Et lorsqúelle désire lui apporter une ovation toute particulière, elle se lève et l'applaudit encore. LE SEIGNEUR, LUI qui a fait pour nous des choses si grandes et si glorieuses, n'est –IL pas digne de notre approbation, de notre admiration, et même de nos applaudissements ? « Vous tous les peuples battez les mains, poussent vers DIEU des cris de joie ; Psaumes 47 :2. Battre des mains est un signe de réjouissance et d'adoration.

7. Louer LE SEIGNEUR en vous prosternant devant LUI

« Venez, prosternons-nous et humilions-nous, fléchissons le genou devant L'ETERNEL notre créateur, car Il est DIEU ; Psaumes 95 :6.

8. Louer LE SEIGNEUR dans un état de SILENCE

En contraste avec les cris de joie, la musique, voici une autre expression de louange : le silence devant DIEU. « Il y a un temps pour se taire et un temps pour parler » Ne soyons pas effrayés par le silence. Il arrive parfois que LE SAINT-ESPRIT nous conduise dans un silence solennel. Ce silence n'a bien sûr rien à voir avec le silence de « mort » que l'on ressent dans certaines églises.

C'est au contraire un silence rempli de la sainte présence de DIEU. Pendant ces moments-là nous avons comme l'impression d'être sur une terre sainte. Ce silence-là apporte d'ailleurs un profond sentiment de plénitude, de respect et crainte de DIEU. Nous aimons rester ainsi dans sa présence et contempler sa glorieuse et majestueuse personne. « Arrêtez et sachez que je suis Dieu »; Psaumes. 46:11.

9.   Louer LE SEIGNEUR en vous réjouissant devant Lui

« C'est là ce qui fait votre joie, quoique maintenant, puisqúil le faut, vous soyez attristés pour un peu de temps par diverses épreuves, afin que l'épreuve de votre foi, plus précieuse que l'or périssable (qui cependant est éprouvé par le feu) ait pour résultat la louange, la gloire et l'honneur lorsque JESUS-CHRIST apparaîtra » ; 1Pierre 1 : 6-7.

X. COMMENT DIRIGER LA LOUANGE ET L'ADORATION

Il est évident que seul LE SAINT-ESPRIT peut inspirer et diriger une louange agréable à DIEU. Cependant, DIEU utilise aussi des hommes oints : du SAINT-ESPRIT et spécialement qualifié pour cette tâche importante : « Kenania, Chef de musique parmi le lévites, dirigeait la musique, car il était habile» ; <u>1Chr. 15 :22</u>. Il n'y a bien sûr pas de méthodes établies d'une manière différente, le point important étant d'expérimenter la présence de DIEU au milieu de nous.

Diriger la louange et l'adoration dans l'Eglise est un ministère au même titre que les autres ministères que nous trouvons dans la Bible. L'adoration communautaire occupait une place primordiale dans l'Eglise du Nouveau Testament. Aujourd'hui encore, la volonté de DIEU est que chacune de nos églises expérimente également cette glorieuse réalité. Si nous voulons vivre des moments d'adoration intense, combien il est vital que nous réalisons le rôle important que joue celui ou ceux qui ont la charge de diriger la louange et l'adoration dans l'église. Malheureusement, ce ministère-là est très souvent ignoré, négligé et peu considéré. N'est-ce pas pour cette raison que notre adoration est faible et limitée et qu'elle laisse insatisfait le cœur des enfants de DIEU ? Il est donc essentiel que nous nous arrêtions un instant pour considérer les qualités indispensables d'un ministère de louange et l'adoration.

XI. DIRIGER L'ADORATION EST UN MINISTÈRE SPÉCIAL

Tout le monde n'est pas appelé à exercer ce ministère .Le Pasteur lui –même peut ne pas avoir cette qualification. Dans ce cas, il faut qúil choisisse dans son église une personne que DIEU a qualifiée dans ce domaine.

1. Le dirigeant doit d'abord être lui-même un adorateur

Votre qualification vient avant toutes les autres. Si quelqúun n'est pas adorateur lui-même, il ne sera pas apte à conduire les autres dans l'adoration. En effet, comment pourrait-il diriger les chrétiens dans un domaine qúil n'a pas expérimenté lui-même ?

2. Le dirigeant doit avoir une certaine maturité spirituelle

Il faudrait qúil soit un chrétien expérimenté et qúil possède une certaine maturité spirituelle. Cette maturité lui donnera d'ailleurs une assurance qui le rendra capable de communiquer un sentiment de sécurité dans L'Eglise. Il est important qúil sache se maîtriser lui-même afin que ses pensées et ses sentiments personnels n'influencent pas la réunion.

3. Le dirigeant doit avoir une bonne réputation dans l'Eglise

Cette réputation joue un rôle prépondérant. S'il est connu dans l'Eglise comme quelqúun qui a des lacunes dans sa vie de communion personnelle avec DIEU et dans sa vie de famille, ce n'est pas parce qúil trouvera derrière un pupitre qúil gagnera instantanément le respect de ses frères et sœurs.

4. Le dirigeant doit avoir un esprit d'équipe

Celui qui dirige l'adoration doit être capable de travailler dans un esprit d'équipe. Certaines personnes sont si individualistes qúelles sont incapables de s'entendre avec les autres. C'est pourquoi la personne qui exerce un tel ministère doit être souple, afin de pouvoir agir en harmonies avec le pasteur et, éventuellement, les autres membres de l'équipe de louange.

5. Le dirigeant doit être une personne humble

Un bon responsable sera toujours quelqúun qui cherchera à se « cacher derrière la croix ». Rien ne détruit l'atmosphère spirituelle d'une réunion plus rapidement quand une personne désire attirer les regards sur elle. Le SAINT-ESPRIT cherchera toujours à glorifier LE SEIGNEUR JESUS-CHRIST. Il s'opposera par conséquent à ce que quelqúun d'autre reçoive des honneurs, ou même la moindre attention. Personne ne devrait se glorifier devant DIEU. Le dirigeant lui-même doit donc constamment s'efforcer d'attirer tous les regards sur JESUS-CHRIST seul.

6. Le dirigeant doit être enthousiaste

L'enthousiasme est une des qualités souhaitées pour chaque responsable de la louange. Si on le manque, il sera fort à craindre que son auditoire réagira timidement à tout ce qúil dira. Un dirigeant enthousiaste n'aura pas de difficultés à entraîner son auditoire à chanter de tout son cœur les louanges du SEIGNEUR.

Il aura une foi débordante et communicative. Son esprit enthousiaste révélera son cœur heureux, satisfait et débordant d'amour pour LE SEIGNEUR. Il dévoilera aussi une intensité et une ardeur à la tâche qui inspire un profond respect et une grande confiance. L'enthousiasme est communicatif.

7. Le dirigeant doit se préparer dans la prière

Avant les réunions, il est indispensable que le dirigeant prenne du temps pour se préparer dans la prière. C'est ainsi que LE SEIGNEUR pourra lui montrer dans quelle direction orienter la réunion. De cette façon, celle-ci pourra commencer directement sous l'onction du SAINT-ESPRIT, sans perdre le temps. Il a autant besoin de rechercher l'onction du SAINT-ESPRIT sur son ministère comme le Pasteur lui-même avant de prêcher. Cette onction lui est communiquée dans la prière.

8. Il faudrait disposer de plus de temps pour l'adoration pendant les réunions

La manière dont certaines églises précipitent le temps destiné à la louange et à l'adoration est un peu comme une insulte à DIEU. Nous avons besoin de reconnaître l'importance de la louange collective et de lui accorder plus de temps. Il ne devrait pas y avoir d'introductions inutiles dans un culte. Trop de Pasteurs considèrent tout ce qui vient avant la prédication comme nécessaire, mais sans importance. La réalité est que le moment de louange et d'adoration est tout aussi important que la prédication elle-même. Il prépare merveilleusement bien le cœur des chrétiens à recevoir le message.

Il ne faut pas gaspiller le temps consacré à l'adoration. Des paroles ou commentaires superflus ne peuvent malheureusement que nous éloigner de l'essentiel. Le responsable doit toujours avoir à l'esprit qúil n'est pas là pour faire des discours mais plutôt conduire son auditoire dans la présence du SEIGNEUR.

Lorsque le peuple de DIEU vient adorer LE SEIGNEUR et rechercher cette communion intime avec Lui, il serait regrettable qúil en soit empêché par le responsable même de la louange. Celui qui dirige la louange ne doit jamais perdre de vue cet objectif majeur : conduire les chrétiens dans la présence de DIEU.

9. Le but du dirigeant : parvenir à une adoration harmonieuse

JESUS a dit : « Si deux d'entre vous s'accordent sur la terre pour demander quelque chose… » Mat. 18 :19. Le verbe grec que LE SEIGNEUR utilise ici pour accorder est **«Symphonie»** qui signifie « faire montrer harmonieusement ensemble plusieurs voix. Et à produire la « symphonie » qui signifie, un ensemble de sons qui produisent un effet harmonieux, mélodieux et agréable à l'oreille. Lorsque les chrétiens se rassemblent pour le culte, toute la réunion devrait pouvoir être comparé à une symphonie. Tout devrait s'harmoniser mélodieusement : les voix, la musique, les instruments, les motivations, les prières, la prédication, etc. voilà donc un des buts essentiels que DIEU recherche lorsque nous l'adorons ensemble dans l'église ; il désire que tout se déroule harmonieusement comme une glorieuse symphonie dans laquelle nous expérimentons une communion profonde et réelle aussi bien avec notre SAUVEUR que les uns avec les autres.

Lorsque ce moment d'adoration est terminé, une douce et sainte présence ainsi qúun profond sentiment de plénitude et de joie, nous habitent.

Nous pourrons alors nous exclamer avec le psalmiste ; « Il y a d'abondantes joies devant ta face, des délices éternelles à ta droite » Ps. 16 :11.

XII. LA LOUANGE IMPOSE LE SILENCE À L'ENNEMI

« Par la bouche des enfants et des ceux qui sont à la mamelle, tu as fondé ta gloire, pour confondre tes adversaires, pour imposer le silence à l'ennemi et au vindicatif » ; Ps. 8 :3.

Dans les psaumes, David fait constamment référence à ses ennemis. Peu d'hommes ont autant d'ennemi que lui. Ils l'entouraient, le pourchassaient et le poursuivaient continuellement en vue de le détruire. Il ne les combattit pas avec sa propre force ou sa sagesse, mais invoqua contre eux la puissance de DIEU.

Une des armes qúil a utilisée le plus fréquemment fut la louange. C'est ainsi que DIEU l'a voulu : « Par la bouche des enfants et de ceux qui sont à la mamelle, tu as ordonné la louange. Pour imposer le silence à l'ennemi ». Humainement, les enfants et les bébés sont les êtres les plus faibles de ce monde. Mais lorsque la louange provient même de l'un d'entre eux, elle a la puissance de fermer la bouche à l'ennemi.

La Bible nous révèle que nous sommes, comme David entourés d'ennemis, mais les nôtre sont d'ordre spirituel : ce sont les démons ; leur chef est Satan lui-même. Il est l'accusateur des frères ; celui qui nous calomnie, qui falsifie tout ce que nous faisons et qui cherche même à nous réduire au silence ? David nous en montre le chemin : c'est par la louange. Lorsque celle-ci monte vers le Seigneur, Satan est contraint de se taire.

La louange anéantit ses calomnies et le réduit au silence. Elle nous libère de ces continuelles accusations. Au travers de la louange, nous invoquons la présence et la puissance de Dieu contre les forces mauvaises qui s'opposent à nous. CHRIST est vainqueur ! Alléluia !

La louange et l'adoration déclenchent la puissance de DIEU et mettent l'ennemi en fuite. DIEU habite au milieu des louanges de son peuple ; Psaumes 22 :4. Le roi Josaphat expérimenta cette glorieuse vérité lorsqúil alla combattre l'ennemi en louant DIEU. « Au moment où l'on commençait les chants et les louanges, ETERNEL plaça une embuscade contre les fils d'Amon et de Moab... » ; 2 Chroniques 20 :22.

Paul et Sillas dans leur prison prièrent le louèrent LE SEIGNEUR et vinrent la puissance de DIEU en action ; Actes 16 :25-26.

XIII. LA VERITABLE ADORATION EST UN COMBAT SPIRITUEL

L'adoration a une grande importance dans la vie du chrétien. Satan connaissant la portée de cette adoration lorsqúil offrait au SEIGNEUR le monde entier, si seulement il avait voulu l'adorer ; <u>Mat.4 :10</u>. Mais JESUS répliqua que l'adoration appartient à DIEU seul et, ce faisant, résista à Satan et le mit en fuite. Satan est allergique à la louange. Celui-ci le tourmente, car elle lui remémore sa participation à la louange dans le Ciel avant sa rébellion et sa chute. La louange le torture parce qúelle lui rappelle ce dont il possédait puis jouir s'il ne s'était pas révolté contre DIIEU.

Dans son livre « Real Workshop », l'auteur chrétien Warren Wiese a déclaré : « Dieu et Satan ont ceci en commun ; tous les deux réclament notre adoration. DIEU désire notre adoration parce qúll en est digne et que, par ce moyen, il veut nous transformer. Satan, lui, désire notre adoration afin de nous détruire. Ainsi, par ce biais, il est plus facile d'atteindre son but. Cela nous explique pourquoi l'adoration est un combat spirituel, car partout où des chrétiens se prosternent pour adorer DIEU, l'adversaire s'y oppose farouchement.

Une Eglise qui adore sera nécessairement une Eglise combattante car la véritable adoration est un combat spirituel. Le meilleur exemple de cette réalité se trouve chez le peuple d'Israël. Au moment même où Israël fut délivré par L'ETERNEL de son esclavage en Egypte, il fut constitué en une sainte armée pour le SEIGNEUR. « Et ce même jour, L'ETERNEL fit sortir du pays d'Egypte les enfants d'Israël, selon leurs armées ; Exode 12 :51.

Le cantique de triomphe que Moïse et les enfants d'Israël ont chanté après le message de la mer Rouge annonçant clairement ceci : « l'Eternel est un vaillant guerrier, L'ETERNEL est son nom »Exode 15 :3. Partout ou les camps d'Israël se déplaçait, la procession était comme d'une armée bien organisée, avec l'arche de DIEU en tête, et Moïse déclarait : « Lève-toi, ETERNEL ! Et que tes ennemis soient dispersés ! Que ceux qui te haïssent fuient devant ta face ! Nombres 10 :35. En résumé, Israël était une armée d'adoration, combattant les batailles du SEIGNEUR. Le succès de leurs guerres dépendait du succès de leur adoration. S'ils étaient «en règle avec Dieu », ils n'avaient aucune difficulté à battre leurs ennemis.

S'ils ne l'étaient pas, ils étaient honteusement vaincus. C'était aussi simple que cela. L'Eglise d'aujourd'hui doit donc, elle aussi réaliser qúelle est engagée dans un combat spirituel et que pour cela elle doit utiliser des armes spirituelles. «Car les armes avec lesquelles nous combattons ne sont pas charnelles ; mais elles sont puissantes par la vertu de DIEU, pour renverser des forteresses. Nous renversons les raisonnements et toute hauteur qui s'élève contre la connaissance de DIEU, et nous amenons toute pensée captive à l'obéissance de CHRIST » 2cor.10 :4-5.

Le combat se déroule donc dans nos pensées et dans nos cœurs et c'est seulement la parole de DIEU et la prière qui nous aideront à vaincre et à triompher. « Nous, nous continuerons à nous appliquer à la prière et au ministère de la parole ».

Actes 6 :4. «Par lui offrons sans cesse à DIEU en sacrifice de louange. C'est-à-dire le fruit de lèvres qui confessent son nom » ; Hébreux 13 :15.

L'Eglise primitive savait louer et adorer, voila pourquoi elle était victorieuse. Puissions-nous prendre exemple sur elle ; « Ils étaient chaque jour tous ensemble assidus au temple, ils rompaient le pain dans les maisons, et prenaient leur nourriture avec joie et simplicité de cœur, louant DIEU et trouvant grâce auprès de tout le peuple… » <u>Actes 2 :46-47</u>.

XIV. L'IDEE ORIGINALE DE LA MUSIQUE

La musique a été créée pour adorer

Si nous voulons comprendre pourquoi Satan cherche à triompher les hommes et à accomplir ses mauvais desseins, il nous faut remonter aux origines de la musique dans la Bible. Avant la création de l'homme, DIEU créa des êtres spirituels que la Bible appelle des anges. Lucifer, qui devint Satan, était un ange d'une exceptionnelle beauté, plein de sagesse et couvert de toutes espèces de pierres précieuses. Il est dit de lui, « Tes tambourins et tes flûtes étaient à ton service, préparés pour le jours où tu fus créé. Tu étais un chérubin protecteur aux ailes déployées » ; <u>Ezéchiel 28 :13-14.</u> Les tambourins font référence aux instruments à vent. Les versets mentionnés ci-dessus relèvent donc quelques attributs et capacités du diable avant sa chute. Satan avait donc reçu de DIEU cette capacité unique de jouer des instruments à percussion et à vent. Il pouvait donc jouer des mélodies avec la flûte et les rythmes avec le tambourin.

Dans le livre d'Esaïe chapitre 14, verset 11, nous voyons que Lucifer avait aussi un autre don celui de jouer des instruments à cordes, « la magnificence est descendue dans le séjour des morts avec le son de tes luths ».

Ces trois instruments représentent donc l'ensemble des instruments d'un orchestre et Satan est passé maître dans l'art d'en jouer, dès le jour où il fut créé. Il est donc un expert dans ces trois domaines : instruments à percussion et à vent à cordes. De toute évidence DIEU l'avait, oint et qualifié comme un maître musicien et chef d'orchestre dans le ciel. En tant qúarchange, il devait conduire tous les autres anges dans l'adoration et était probablement aussi leur chef de chorale. Comme nous venons de le voir, Ezéchiel 28 :14 l'appelle « le chérubin protecteur aux ailes déployées ». Lucifer fut sans doute créé pour envelopper la gloire de DIEU de sa musique.

Si Lucifer fut créé pour être le chef d'adoration spécial ; mais au lieu d'admirer, de contempler la gloire de DIEU, Satan détourna ses regards sur sa propre beauté, lui qui avait été créé pour adorer DIEU pervertit cette adoration pour s'adorer lui-même.

Rempli d'orgueil, il déclara : « je monterai sur le sommet des nuées, je serai semblable au Très-haut ». Mais il a été précipité dans le séjour des morts, je serai semblable au ciel avec un tiers des anges (Esaïe.14 :12-13).

C'est ainsi que Lucifer tomba (Esaïe 14 :12), et que sa musique tomba avec lui et fut corrompu. Ce don musical qúil avait reçu pour adorer DIEU se transforma en quelque chose de terrestre, sensuel et diabolique.

Sa musique devint un instrument qúil utilise encore aujourd'hui pour conduire les gens à se révolter contre DIEU.

Alléluia, vive LE SEIGNEUR ! Glorifiez DIEU dans son temple, Glorifiez-le sous la puissante voûte de son Ciel ! Glorifiez-le en dansant au rythme des tambourins, Glorifiez-le en sonnant du cor ! Glorifiez-le aux accords de la harpe.

Que tout ce qui respire loue l'Eternel

Louez l'Eternel, Gloire au Seigneur.

LA JOIE DU SALUT

« Rends-moi la joie du salut, Et qúun esprit de bonne volonté me soutienne ! » Ps.51 ; 14

Une grande joie entre à tout qui reçoit le salut et il est très sensible dans toutes les activités spirituelles. N'importe quel service spirituel bénit son âme. Il se voit tout près du ciel et son cœur est inondé d'une abondante joie causée par le Saint-Esprit. Cette joie est très importante pour servir L'Eternel de tout son cœur. Cette joie fait que tout ce que le ministre de Dieu enseigne soit avalé avec empressement. Les chansons entonnées dans les différents services mettent facilement les participants dans un état de louange et adoration ; l'effusion du St Esprit est manifeste et aussi la manifestation des dons divers dans le service. Si cette joie est perdue, l'église devient un endroit où tout est forcé ; les membres commencent à chercher les faiblesses de leurs dirigeants au lieu de s'intéresser à la parole et à leur édification personnelle. C'est ici où la sagesse du pasteur ou leader doit être utilisée pour sauver l'œuvre de Dieu. Cette corvée dans l'œuvre de Dieu tue et n'édifie pas.

Que faut-il faire quand l'église perd la joie de Dieu.

1. Inviter un serviteur que Dieu utilise avec les manifestations du St Esprit produisant les réveils dans des campagnes d'évangélisation ou les services des guérisons et miracles; le premier mouvement serait d'apporter beaucoup de

nouveaux convertis dans l'église. Ceux-ci doivent être enseignés comment amener les âmes à Christ. Les inviter dans les prières organisées par l'église.

2. Le Pasteur doit se sacrifier pour mourir aux désirs charnels et s'adonner à la recherche de la face de L'Eternel. Celui-ci devra présenter à l'église les messages de révélations (pas celui de routine) lui donnés par le St Esprit et non pas l'imitation des sermons ramassés au hasard, l'église a besoin d'une nourriture fraîche et non pas d'hier ou des années antérieures.

3. Se repentir des faiblesses qui ont fait que la joie de L'Eternel disparait dans sa vie et celle de l'église.

4. Supprimer les programmes non édifiants pour apporter ceux qui sont vivants. Et avoir une équipe bien organisée spirituellement pour l'adoration et louange.

5. Eviter les amis charnels et les occupations qui ne cadrent pas avec sa profession.

6. Eviter de rester seulement dans le message de l'argent mais de la repentance d'adoration et louange, accompagné par la foi, l'amour et la sainteté.

7. Savoir garder ce réveil et le partager avec ses collaborateurs, il est aussi inutile de s'entourer des anciens d'églises qui sont tièdes et qui au fait ne le méritent pas.

Notez que la réussite d'une église n'est pas le nombre de croyants mais à la vivacité dans la joie de l'Eternel et à l'application sans faille de la parole de Dieu. Ici nous arrivons à un stade où le chrétien déteste les péchés et tout ce qui le ressemble. J'attire l'attention de tous les frères et sœurs de ne pas négliger la tenue ou l'habillement, les danses et la façon de se communiquer avec les autres. Tout comportement ou état qui peut attirer à la sexualité est un péché. Tout comportement qui peut attirer à un désordre dans la hiérarchie familiale est aussi un scandale et un péché qui détruit toute une génération. L'église ne doit pas imiter le monde malgré les délibérations humaines et les fantaisies de ce siècle.

Un enfant du Seigneur doit savoir que nous avons une constitution qui est infaillible dont la parole de Dieu. Les femmes doivent en toute instance se soumettre à leurs maris ; les enfants doivent respecter leurs parents. Les maris doivent aimer leurs épouses. Nous avons un concept biblique du mariage et de la famille. Au fait, l'homme animal ne peux en aucun cas gouverner l'église ; c'est une grande institution et la propriété privée de Dieu ; nous devons respecter l'hiérarchie administrative, nous soumettre aux lois de nos pays mais si il arrive un contexte qui veut nous entrainer dans une faiblesse spirituelle, nous devons nous aligner sans vergogne à la parole de Dieu. Il est évident qúun enfant de Dieu ne doit pas être rebelle aux autorités parce que c'est Dieu qui les établit, mais il doit éviter le péché dans toutes les situations.

L'égoïsme a atteint un sommet très élevé; Le mensonge, la violence et la ruse sont utilisées pour s'accaparer des biens terrestres. Oubli de la communion fraternelle. Actes 2 :46-47 Beaucoup de serviteurs veulent devenir riches par tous les moyens. Le souhait des ministres de Dieu ne devaient pas être, devenir milliardaires mais que ce soit le ministère. Ainsi, le serviteur se plaira de son salaire et d'autres fonds entreraient dans le ministère pour qúensemble avec les autres serviteurs puissent jouir de ces bénédictions. Lorsque le travail du ministère demande un budget, par exemple de l'évangélisation ou des séminaires, on prendra facilement cet argent dans le compte du ministère. Sachez bien que ce n'est pas facile de gérer des millions et rester dans l'obéissance parfaite à la volonté de Dieu. Soyons prudents. Ce fond fera le travail de Dieu et sera affecté au travail de production utilisant les gents qualifiés et intègres pour des activités non compromettantes.

Les maris qui étaient la bénédiction des foyers, une fois élevé s'en passent de leurs épouses et des enfants. Les femmes enrichies ne se soumettent plus à leurs maris et deviennent un grand blocage à la sanctification dans les familles. Beaucoup de femmes rebelles se proclament évêques, révérendes et apôtres pendant que les maris et les enfants ne reçoivent aucun service attendu.

Le premier rôle de la femme est de s'occuper de son mari, quoiqúune femme ait un grand nom, elle reste sous la domination de son mari. L'Eglise ne doit pas suivre copieusement le monde. Elle doit en tout moment se référer à la Bible.

Tout commence par oublier le premier amour; lorsqúon cherche la gloire et la volonté de Dieu fermement, la famille de Dieu évitera beaucoup de désordres spirituels et domestiques. A cause de l'égoïsme et l'orgueil et le manque de la patience et tolérance, le nombre des divorces dans les familles chrétiennes s'accroissent. La parole de Dieu dans Malachie 2; 13-16 Voici encore ce que vous faites: vous couvrez de larmes l'autel de L'Eternel, des pleurs et de gémissements, en sorte qúil n'a plus égard aux offrandes et qúil ne peut rien agréer de vos mains. Et vous dites pourquoi...Parce que L'Eternel a été témoin entre toi et la femme de ta jeunesse, à laquelle tu es infidèle, bien qúelle soit ta compagne et la femme de ton alliance. Nul n'a fait cela, avec un reste de bon sens. Un seul l'a fait, et pourquoi? Parce qúil cherchait la postérité que Dieu lui a promise. Prenez donc garde en votre esprit, et qúaucun ne soit infidèle à la femme de sa jeunesse! Car je hais la répudiation, dis L'Eternel, Le Dieu d'Israël...

Nous sommes arrivés à une époque où le mariage est issu de valeurs extérieures alors qúune bonne femme est caractérisée par l'intérieur. Les femmes font des engagements non pas par vrai amour mais par intérêt matériel. Ces bases ne rassurent pas. Pourquoi chercher un conjoint qui n'a pas la même foi que toi? Circuler partout n'est pas une meilleure des façons. IL est très avantageux de se marier dans la même église au lieu de chercher un ange. Celle ou celui qui est à côté de toi est bien connu même son caractère. Marier les caractères et la piété vous fera échapper beaucoup de vices familiaux. Dans L'Eglise primitive on se mariait dans Le Seigneur, c'était l'unique modalité qui plaisait Dieu et la famille de Dieu.

2Corint 6:14 Ne vous mettez pas avec les infidèles sous un joug étranger. Car quel rapport y a t-il entre la justice et l'iniquité? Ou qúy a-t-il de commun entre la lumière et les ténèbres?

Le message inspiré par le St Esprit fut administré aux saints mais dans certaines églises, les serviteurs créent des stratégies charnelles pour intimider et motiver les gens à donner. L'amour de l'argent se fait sentir plus qúautre chose. Combien de serviteurs qui font le plein dans les grandes auditoires et stades rien qúannonçant le message de prospérité et de l'abondance et l'élévation instantanée.

Parler excessivement de la sainteté et de l'amour du prochain devient une marchandise périmée. Tous ces désordres placent cette église et les gents dans une grande confusion. Si nous suivons seulement les miracles nous pouvons être attrapés par n'importe quel vent. Tout miracle ou prodige ne vient pas nécessairement de Dieu. Les diables en font aussi jusqú à un certain niveau.

La parole de Dieu est suffisante et les miracles l'accompagneront. Les miracles ne sont pas forcés ils accompagnent la présence de Dieu dans sa parole. On n'achète pas les miracles ni les guérisons ou l'onction. Tous ces facteurs nous les recevons par la grâce de Dieu utilisant la foi. La méthode indienne de transférer l'onction par des hommes dérive du malin. C'est Le St Esprit qui donne les dons comme Dieu veut.

Apoc.2; 5 Souviens-toi donc d' où tu es tombé, repens-toi, et pratique tes premières œuvres ; sinon je viendrai à toi, et j'ôterai ton chandelier de sa place, à moins que tu te repentes.

La grâce de Dieu et l'amour de Dieu continuent à nous suivre malgré nos faiblesses. Un mot que Dieu nous présente jours et nuits c'est de nous repentir et abandonner les œuvres de la chair. Il est vrai que le premier degré de consécration que nous avions pour Le Seigneur diminue au fur et à mesure que nous abandonnions le courage et le zèle dans la marche avec Jésus. Ceci est une grosse erreur. Il ne faut pas être dégouté de la sagesse d'en haut, ceci est notre richesse impérissable et irremplaçable. Le diable amène souvent des distractions charnelles pour séduire les élus de Dieu.

1Jean 2; 15-17 N'aimez point le monde, ni les choses qui sont dans le monde. Si quelqu'un aime le monde, l'amour du Père n'est point en lui. Car tout ce qui est dans le monde, la convoitise de la chair, la convoitise des yeux, et l'orgueil de la vie, ne vient point du Père, mais vient du monde. Et le monde passe, et sa convoitise; mais celui qui fait la volonté de Dieu demeure éternellement.

LA PUISSANCE DE L'EVANGILE

L'INTEGRITE EST UNE CONDITION SINE QUA NON POUR REUSIR

LA PUISSANCE DE L'EVANGILE

Porter l'évangile, c'est porter la croix ; et si pas, ce n'est pas l'évangile complet de Christ Jésus.

Dans I Pierre 5, nous pouvons tirer des leçons d'une grande valeur.

Pierre 5 : 2 : « Paissez le troupeau de Dieu qui est sous votre garde, non par contraintes, mais volontairement, selon Dieu : non pour un gain sordide, mais avec dévouement ».

Le troupeau appartient à Dieu et non pas à n'importe quel individu ou n'importe quelle dénomination ; le troupeau de Dieu est sous votre garde ; vous pouvez vous considérer comme une sentinelle qui veille aux âmes.

La Bible nous dit que le travail est volontaire et que cela ne soit pas une affaire de rechercher seulement de l'argent ou ne pas avoir l'objectif d'argent, mais des âmes.

Ne faites pas des âmes une affaire de commerce pour vous procurer des gains. I Tim.6 :3-10.

Comment pouvons-nous appeler un serviteur qui travaille seulement pour l'argent ? Il est considéré comme un mercenaire. Vous ne pouvez pas servir Dieu et l'argent.

Plusieurs serviteurs qui avaient beaucoup d'onctions dans leur ministère l'ont abîmé à cause de l'amour et le désir de l'argent et d'autres ont été obligés de fuir parce qúils ont gâché la confiance aux gens qúils administraient la parole.

L'argent n'est pas le but, quoi qúil soit très important dans la vie ; le but est le royaume et la justice de Dieu ; et maintenant, l'argent viendra en tant que moyen de subvenir aux besoins quotidiens.

Le prophète Balaam avait succombé à cause de la fortune que le roi Balack lui a proposée. Dieu lui a dit de ne pas aller à l'invitation de Balack, mais comme son objectif était la fortune, il a voulu obtenir un oui de la part de Dieu pour partir. Dans ce cas, il a eu ce qúil désirait, mais ce fut pour sa ruine.

Là ou Dieu dit non, c'est toujours non. Il ne peut pas changer ; nous devons nous soumettre à sa volonté. Malgré nos désirs et caprices, la parole de Dieu doit avoir une grande place dans nos administrés. Tout ce que Dieu interdit, nous ne devons en aucun cas vouloir faire contre sa volonté.

Pierre a bien dit au magicien «...Que ton argent périsse avec toi, puisque tu as cru que le don de Dieu s'acquérait à prix d'argent » Actes 8 : 20.

Nous travaillons pour le Seigneur et pour sa justice. La chose la plus importante est d'être à la place où Dieu veut que nous soyons. Ga. 5 : 26.

Les uns courent pour la popularité ; les autres pour le matériel ; les autres pour les aventures ; mais tout ceci fini mal.

Etre sur le lieu que Dieu nous veut est très important ; et les bénédictions viendront sûrement sur cet endroit.

Tout serviteur de Dieu doit savoir en premier lieu qúil travaille pour le Seigneur et non pas pour la seule limite de sa dénomination. Ainsi, celui -ci doit s'abstenir à ne pas salir le travail des autres Ministres de l'église, et doit donner la parole sans distinction de communauté partout ou il est appelé à servir.

Tous, Serviteurs de Dieu, nous devons savoir que la vraie promotion ne vient que de Dieu ; et si nous faisons de truc pour en avoir, nous risquons de perdre le royaume et les dons de Dieu à cause du nom Révérend, Evêque, Représentant, Pasteur, Ancien de l'église. Mieux vaut rester un « choriste » qui se donne fidèlement plutôt que d'être ancien de l'église quand on ne connaît pas la parole de Dieu ; mais parce que tu es riche, tu t'es imposé par les cadeaux de le devenir Malheur à toi : Mieux vaut te repentir et attendre la volonté de Dieu ou la promotion de Dieu.

Juges 9 :8- 15

« Les arbres allèrent pour oindre un roi sur eux ; et ils dirent à l'olivier : Règne sur nous. Et l'olivier leur dit laisserais- je ma graisse, par laquelle on honore par moi Dieu et les hommes et irais- je m'agiter pour les arbres ?

Et les autres dirent à la vigne : Viens, toi ; règne sur nous.

Et la vigne leur dit : laisserais- je mon moût, qui réjouit Dieu et les hommes, et irais- je m'agiter pour les autres ?

Et tous les arbres dirent à l'épine : Viens, toi, règne sur nous. Et l'épine dit aux arbres : Si vraiment vous voulez m'oindre roi sur vous, venez, mettez- vous confiance en mon ombre : sinon, un feu sortir de l'épine, et dévorera les cèdres du Liban »

Nous pouvons apprendre beaucoup de choses concernant la responsabilité et la promotion des hommes.

Ces trois arbres nous prouvent comment ils étaient conscient de leur responsabilité devant Dieu et devant les hommes ; et vraiment, ils étaient satisfaits de l'œuvre qu'ils rendaient à Dieu et ils ont refusé le royaume mais d'être à la place où Dieu les voulait.

Combien des pasteurs qui ne sont pas satisfaits de leur responsabilité et dès que n'importe quelle promotion sociale arrive, ils ne veulent même pas consulter Dieu.

Combien d'Evangélistes qui se donnent à la bureaucratie ou au commerce alors qu'ils sont appelés à servir Dieu à plein temps : sachons la responsabilité que nous avons et l'importance de notre travail.

En outre, il est indispensable d'attendre au Seigneur de nous donner les conducteurs spirituels et sociaux qu'il veut et non pas faire le fanatisme dans l'église ou dans n'importe quelle société. Dieu veut qu'on lui demande son avis dans toute décision et dans tout le choix.

Regarder maintenant ce Roi Epine qui est arrogant et qui promet la colère juste au premier jour.

Ecoutez maintenant la voix de Dieu pour les Pasteurs et Serviteurs de Dieu qui ne tiennent pas compte de leur responsabilité.

Jérémie 12 : 10 - 11

Plusieurs pasteurs ont gâché ma vigne, ils ont foulé mon lot, ils réduisent le lot de mon désir en un désert aride ; on en a fait une désolation ; tant désolé ; ils mènent deuil devant moi : toute la terre est dévastée, car personne ne le prend à cœur »

Tout ce que vous faites pour Dieu, faites- le de tout cœur et accepter toutes les conséquences au Nom de Jésus. La facture est sur lui et non pas aux hommes (Luc 10 : 29 - 35).

Gloire à Dieu !

Serviteurs de Dieu, n'oubliez pas que Dieu est concerné pour tous vos problèmes. Persévérance et foi vous sont demandées et ne pas aller contre sa volonté.

LA VOLONTE DE DIEU EST LE NUMERO UN.

Tous les cris sont inutiles ; et mourir dans la volonté de Dieu, est mieux que de mourir avec de grands succès contre sa volonté.

Nous ne devons pas faire de l'église de Christ ce que nous voulons, ce que nous désirons, MAIS CE QUE CHRIST VEUT.

Quelques fois, les gens aiment les fausses prophéties qui les encouragent dans leur laisser - aller, mais sachez que la prophétie qui est vraie doit marcher en concordance avec la bible ; et si pas, elle est à rejeter.

Jérémie 5 : 31

« Les prophètes prophétisent avec mensonge, et les sacrificateurs dominent par leur moyen ; et mon peuple l'aime ainsi.

Et que ferez- vous à la fin ? »

L'Eternel met une grande importance sur les conducteurs spirituels parce que ceux - ci doivent être des modèles ; et les fidèles seront marqués par les exemples de leurs chefs.

Ainsi, tout celui qui est à la place de premier rang doit s'abstenir de tergiverser la volonté de Dieu parce qúil risque d'égarer tous les autres qui le suivent.

Nous avons beaucoup d'exemples concrets que nous voyons dans plusieurs religions.

Il est difficile d'enlever une mauvaise conception aux fidèles au cas où leurs conducteurs la soutiennent.

Esaïe 24 : 2

« Et il en sera, comme du peuple, ainsi du sacrificateur ; comme du serviteur, ainsi de son maître : comme de la servante, ainsi de sa maîtresse ; comme de l'acheteur, ainsi du vendeur... »

Une autre chose que les conducteurs doivent faire avec rigueur, c'est la pratique de tout ce qúils enseignent.

Si vous enseignez aux gens concernant la dîme, soyez le premier ; si vous vous enseignez concernant les prières, jeûnes.

Le donner et le recevoir, vous devez le faire, vous aussi, sciemment.

« Il faut que le laboureur travaille avant de recueillir les fruits ». 2 Timothée 2 : 6

Beaucoup de serviteurs de Dieu veulent recueillir des fruits, mais ne veulent pas travailler. Alors, ceux - ci se compromettent et veulent entrer dans les champs qui ne les concernent pas pour recueillir. Ceux - ci sont des voleurs. E

Nous tous (laboureurs) serviteurs de Dieu, nous devons d'abord travailler premièrement pour que nous jouissions des fruits.

Les conducteurs ont un grand rôle à jouer dans le travail de Dieu ; et par leur manquement, beaucoup de gens peuvent souffrir et s'égarer.

Souvenez- vous de 10 conducteurs Hébreux sur 12, au temps de Moïse, qui ont fait que de milliers de gens périssent dans le désert à cause des doutes et de la peur.

Nombres 13 : 3, 31 ; 14 : 1 - 10 (conseil de lire les chapitres 13 et 14 entiers).

Les 10 conducteurs ont fait révolter le peuple et leur punition se trouve dans Nombres 14 : 28 -29. « .. Vos cadavres tomberont dans ce désert. Et tous ceux d'entre vous qui étaient dénombrés, selon tout le compte qui a été fait de vous, depuis l'âge de vingt ans et au dessus, vous qui avez murmuré contre moi... excepté Caleb, et Josué... Mais vos petits enfants... je les ferai entrer et ils connaîtront le pays que vous avez méprisé ».

Dieu est très juste et ne peut pas punir un conducteur juste, même si les conduits ont refusé la direction. Caleb et Josué, parmi de milliers, ont sauvé leur vie à cause de la foi qúils avaient en Dieu. L'incroyance des conducteurs est très mauvaise et détruit les brebis. La direction de Dieu est très importante. Etre conducteur, c'est porter le fardeau.

Nombres 11 : 17 nous dit : « Et je descendrai, et je parlerai là avec toi, et j'ôterai de l'Esprit qui est sur toi, et je le mettrai sur eux, AFIN QÚILS PORTENT AVEC TOI LE FARDEAU DU PEUPLE, ET QUE TU NE LE PORTES PAS TOI SEUL ».

L'onction est une condition si ne que non pour porter le fardeau du peuple ; et c'est pour cela que tout serviteur de Dieu doit être baptisé du Saint - Esprit, même les Diacres... Actes 6 : 3.

Dieu a pris de l'Esprit qui était sur Moïse et le versa sur 70 conducteurs pour qúils puissent porter le fardeau du peuple.

Il y a une grande différence entre étudier et être oint du Saint - Esprit.

Combien savent que Jésus - Christ prit son Esprit et le versa sur son Eglise : sans cela, les gens vont mourir avec leurs grades académiques sans l'onction.

Beaucoup de gens passent toute leur vie en étudiant ; mais plus ils étudient sans pouvoir accepter le baptême du Saint - Esprit, plus ils s'éloignent graduellement de Dieu. Contrairement à celui - ci, l'oint de Dieu, chaque matin, veut écouter le Seigneur ; il est régénéré ; il s'édifie lui - même ; il s'approche graduellement de Christ.

Dieu est entrain de chercher les hommes qui porteront le fardeau. Notre foi doit être axée sur Christ qui est le fondateur ; nous devons être fiers de citer son Nom, Le louer, L'adorer.

ALLELUA !

Ephésiens 2 : 19 -21

« Ainsi donc vous n'êtes plus étrangers ni forains, mais vous êtes concitoyens des saints et gens de la maison de Dieu, ayant été édifiés sur le fondement des apôtres et prophètes, Jésus - Christ lui - même étant la maîtresse pierre du coin, en qui tout l'édifie, bien ajusté ensemble, croit pour être un temple saint dans le Seigneur... »

Nous devons avoir une unité et la garder jusqúà la fin. Ce qui peut nous séparer, c'est le péché seulement. Les séparations et les divisions viennent par orgueil et vains honneurs. « Moi aussi, je suis.. »

Le manque d'humilité fait que les divisions surgissent dans beaucoup d'assemblées.

Ceci est contre la volonté de Dieu. Dieu n'aime pas des divisions, des séparations.

Par contre, il aime l'UNION dans l'harmonie dans l'église ; et partout où Jésus - Christ est prononcé comme Seigneur et Sauveur.

Nous devons savoir nous soumettre à l'autorité établie. Sans cela, nous serons considérés comme KORE et DATHAN et ABIRAM. Nombres 16 : 1 - 2.

L'esprit de divisions ne vient pas de Dieu ; et c'est pour cette raison que Dieu a toujours puni d'une façon ou d'une autre les meneurs et les rebelles, quelques soient leur rang spirituel et social.

Koré était un descendant de la famille de Lévi, mais il a voulu brûler les étapes.

Dieu ne peut pas se tromper en plaçant un conducteur de son choix ; et c'est lui - même qui peut l'enlever quand ses actions contrecarrent l'œuvre.

LES QUALITES ĎUN BON CONDUCTEUR

1. **Accepter la responsabilité. Philippiens 2 : 19 - 23**

   « J'espère dans le Seigneur Jésus vous envoyer bientôt Timothée, afin ďêtre encouragé moi - même en apprenant ce qui vous concerne CAR JE N'AI PERSONNE ICI QUI PARTAGE MES SENTIMENTS, POUR PRECHER SINCEREMENT A CŒUR VOTRE SITUATION.

   Tous en effet, CHERCHENT LEURS PROPRES INTERETS, ET NON CEUX DE JESUS - CHRIST. Vous savez qúil a été mis à ľépreuve, EN SE CONSACRANT AU SERVICE DE ĽEVANGILE avec moi, comme un enfant avec son père.

   J'espère donc vous ľenvoyer dès que j'apercevrai ľissue de ľétat où je suis ».

Paul n'avait pas une autre personne qui avait le même fardeau que lui et qui pouvait prendre à cœur la responsabilité.

Tous cherchaient leurs intérêts, tous voulaient seulement ľargent, le titre et la gloire.

Mais, une personne qui était différente des autres c'était Timothée ; un exemple concret de la fidélité et de la consécration était Timothée.

Les autres ne peuvent pas travailler là où ils ne peuvent pas collecter des offrandes suffisantes. Ils ne parlent que de ce qui est matériel : les choses du monde.

Leur valeur dépend des choses qúils possèdent et non pas de Jésus - Christ.

Devant les intérêts, ils peuvent accepter tout, même ce que Dieu n'autorise pas. Ils peuvent flatter, mentir, même se quereller à cause des « choses ».

Ils ne verront jamais Dieu.

Le Seigneur a dit de prendre la croix et le suivre. Au départ, dans le service de Dieu, nous devons offrir nos corps comme un sacrifice vivant, saint, agréable à Dieu ; ce qui sera de notre part un culte raisonnable...Romains 12 : 1 - 2

Après avoir offert nos corps à Dieu, laissons- le, nous conduire et non les désirs du monde et de Satan.

Soyons dépendants entièrement de Dieu et il nous donnera les délices de nos cœurs.

Dans le service de Dieu, nous le servons tout en servant son peuple ; et non pas l'exploiter, utilisant différentes ruses. Malheur aux conducteurs pareil!

Dans Philippiens 3 : 7 - 8, Paul a montré avec une grande insistance que les choses que vous pouvez considérer comme gains ou les choses qui étaient pour lui des gains, il les a trouvées comme une perte à cause de Christ.

Si je puis avoir une maison, une voiture, de milliers d'argent dans la ruse ou dans la voie qui est contre la volonté de Dieu ; cette maison, cette voiture, ces milliers d'argents, Paul les appelle PERTE. Ailleurs, il va même à les appeler LA BOUE OU LES EXCREMENTS.

En un mot, les autres cherchaient leurs propres intérêts, leurs propres désirs, leurs propres motifs.

Il est ridicule à cette heure où les prédicateurs présentent le monde et ce qui le renferme dans leurs enseignements au lieu de présenter le royaume de Dieu et sa justice en premier lieu.

Ils trompent les gents en disant que l'onction s'obtiendra au moyen de dollars. Ils disent qúil y a l'onction à différents prix. Ceci est une ruse de Satan et c'est une escroquerie pure et simple. Malheur à ceux qui s'enrichissent en utilisant les ruses et non pas la parole de Dieu.

L'offrande sort dans un cœur pur et on donne selon la direction du St. Esprit et aussi selon ce qúon a.

Il est très méchant d'inciter les chrétiens de prendre les dettes pour satisfaire les ambitions du prédicateur.

L'offrande se donne volontairement et avec un cœur généreux.

En effet, si nous regardons Moïse, nous remarquons qúil faisait le travail de Dieu par la foi et l'intégrité. Il n'avait pas peur, ni découragement.

Le responsable de Dieu ne doit pas succomber aux désirs des brebis, mais au contraire, les amener toujours à accomplir la volonté de Dieu.

Sachez que vous êtes à la place de Dieu pour le représenter devant le peuple et non le représentant de la volonté des hommes de Dieu. Ceci ne veut pas dire que nous ne devons pas demander les besoins du peuple à Dieu ; mais les désirs qui sont contre la volonté de Dieu, nous les rejetons et nous donnons des conseils.

Nous devons enseigner la vérité, même si elle blesse. Chacun donnera le rapport du ministère devant Dieu ; et si la peur ou l'intérêt nous a induits en erreur, ce sera irréparable.

Au lieu de faire le travail de 10 personnes, vaut mieux former 10 personnes pour le faire. Conseil de Jéthro à Moïse (son beau - père).

Exode 18 : 12 -25 « ...Et le beau - père de Moïse lui dit : ce que tu fais n'est pas bon.

Tu t'épuiseras certainement, toi et ce peuple qui est avec toi, car la chose est trop lourde pour toi, tu ne peux la faire toi seul. Maintenant, écoute ma voix, je te conseillerai, et Dieu sera avec toi.

Sois pour le peuple, auprès de Dieu, et rapporte les affaires à Dieu ; et enseigne- leur les statuts et les lois, et fais- leur connaître la voie dans laquelle ils doivent marcher, et l'œuvre qúils ont à faire.

Et choisis d'autre dans tout le peuple, des hommes capables, craignant Dieu, des hommes capables, des hommes intègres, ennemis de la cupidité ; établis- les sur eux, comme chefs de mille, chefs de cent, chefs cinquante, et chefs de dix. Qúils jugent le peuple en tout temps : qúils portent devant toi toutes les affaires importantes, et toutes les petites affaires ils les jugeront eux - mêmes ».

Dans le conseil de Jéthro apporté à son beau - fils, Moïse, nous tombons encore sur la cupidité.

Un serviteur qui vise le gain doit savoir que sa conception est erronée ; et vraiment, il doit se repentir et avoir le fardeau des âmes.

Tout responsable doit savoir former ceux qui peuvent prendre la relève et ne doit pas être jaloux des succès de ses collaborateurs ; mais au contraire il doit toujours louer l'Eternel pour cet acte.

Dans la responsabilité, nous devons maîtriser une chose, quoiqu'elle soit difficile : le calme ; et considérer Dieu.

Nous ne devons pas insulter le peuple de Dieu ou leur parler avec méchanceté.

Moïse avait commencé très bien et fut le plus doux de son temps ; mais par les exagérations de transgressions de la volonté de Dieu et des troubles lui causés par le peuple juifs, il fut monté et parla sévèrement avec le peuple de Dieu, jusqu'à manquer de convenance avec Dieu.

Voyons premièrement comment il a commencé à être monté. <u>Nombres 11 : 11 - 17</u> :

« Moïse fut attristé, et il dit à l'Eternel : Pourquoi affliges- tu ton serviteur, et pourquoi n'ai- je pas trouvé grâce à tes yeux, que tu aies mis sur moi la charge de tout ce peuple ?

Est- ce moi qui ai conçu ce peuple ? Est-ce moi qui l'ai enfanté, pour que tu me dises :

Porte- le sur ton sein, comme le nourricier porte un enfant, jusqu'au pays que tu as juré à ses pères de lui donner ?

...je ne puis pas, à moi seul, porter tout ce peuple, car il est trop pesant pour moi.

Plutôt que de me traiter ainsi, tue- moi, je te prie, et j'ai trouvé grâce à tes yeux, et que je ne voie pas mon malheur.

L'Eternel dit à Moïse : Assemble auprès de moi soixante - dix hommes des anciens d'Israël, de ceux que tu connais comme ancien du peuple et ayant autorité sur lui ; amène- les à la tente d'assignation, et qúils s'y présentent avec toi.

Je descendrai, et là je te parlerai ; je prendrai de l'esprit qui est sur toi, et je le mettrai sur eux, afin qúils portent avec toi la charge du peuple, et que tu ne la porte pas à toi seul ».

Même si le peuple de Dieu qui est sous notre garde nous cause des problèmes, nous devons nous garder de ne pas être montés ; car en étant monté, nous pouvons dire n'importe quoi qui peut nous gâcher certaines faveurs que nous avons devant Dieu et aussi, nous pouvons manquer certaines bénédictions qui étaient nôtres.

Moïse, à cause d'être monté, il n'a pas su faire la volonté de Dieu : et par conséquent, il n'est pas arrivé à Canaan.

Nombres 20 : 10 - 12 « … Et Moïse leur dit : Ecoutez donc, rebelles !

Est - ce de ce rocher que nous vous ferons sortir de l'eau ?

Puis Moïse leva la main et frappa deux fois le rocher avec sa verge. Il sortit de l'eau en abondance. L'assemblée but, et le bétail aussi.

Alors l'Eternel dit à Moïse et à Aaron : Parce que vous n'avez pas cru en moi, pour ne sanctifier aux yeux des enfants d'Israël, vous ne ferez point entrer cette assemblée dans le pays que je lui donne »

Nous sommes appelés à faire seulement ce que Dieu nous a ordonné ; ce n'est pas insulter le peuple de Dieu ou le harceler. Moïse devait seulement prendre la verge et convoquer l'assemblée, parler en leur présence au rocher et il donnerait sûrement de l'eau. Mais, au contraire, Moïse prit la verge, convoquèrent (avec Aaron) l'assemblée et insulta le peuple de Dieu ; « Rebelles » ; et au lieu de parler au rocher, il le frappa deux fois.

Attention, attention avec les brebis de Dieu !

2ème qualité du bon conducteur

Avoir l'onction du Saint - Esprit et l'instruction et marcher par la foi.

Bien que vous soyez rempli ou baptisé du Saint - Esprit, vous avez besoin d'apprendre aux autres certaines expériences dans le ministère.

La pensée de tout connaître a détruit beaucoup de ministères. Nous sommes toujours des disciples de Jésus et il continue à nous enseigner jusqúà ce que nous quittions ce corps, soit par la mort, soit par l'enlèvement de l'Eglise.

Un jeune ministre de Dieu doit d'abord travailler sous son Pasteur ; et c'est après qúil peut évoluer sans limite.

Samuel a attendu jusqúà ce que le temps de Dieu accompli et a commencé à servir Dieu dans une très grande dimension. I Samuel 3 : 11 - 20 ; 7 : 3 - 6 : Samuel ne s'était pas proclamé sacrificateur comme Eli, mais il s'est contenté de son ministère de prophète et juge.

David, également, a attendu le moment de Dieu pour devenir roi et ne voulait rien de fraude ou de hasard. Il attendait l'Eternel. 2 Samuel 1 : 1 - 16.

3ème qualité : Pratiquer ce que vous prêchez. 2 Timothée 3 : 14 -16 Rejeter tout ce qui n'est pas prouvé dans la bible ainsi que les conte profanes et absurdes. 1 Timothée 4 : 1 - 8.

4ème qualité : Avoir un humble esprit et charitable

Quand le conducteur a un esprit humble, les autres ne feront que l'imiter. Mais, au cas où il est hautain, il peut empoisonner toutes les brebis ; et c'est tout le travail qui est gâché.

Un orgueilleux, un vaniteux, un homme qui aime le prestige, sa place n'est pas dans le ministère de Dieu. Il envenime toute la machine et détruit toutes ses œuvres.

Si vous avez de telles qualités, demandes à Dieu de vous pardonner et renoncez- y.

Un conducteur spirituel doit être abordable. Quand il ne l'est plus, alors son rôle dans le spirituel, c'est un nom seulement, mais les œuvres sont mortes.

Proverbes 16 : 19 : Esaïe 57 : 15 ; Jacques 4 : 6 ;

1 Pierre 5 : 5 - 6 « De même, vous qui êtes jeunes, soyez soumis aux anciens. Et tous, dans vos rapports mutuels, revêtez- vous d'humilité ; car Dieu résiste aux orgueilleux, mais il fait grâce aux humbles. Humiliez- vous donc sous la puissante main de Dieu, afin qúil vous élève au temps convenable ».

La direction spirituelle est d'une grande importance ; et l'intégrité dans l'administration en est aussi d'une grande ampleur.

Voyons Jérémie 3 : 15 « Je vous donnerai des bergers selon mon cœur. Et ils vous paîtront avec intelligence et avec sagesse ».

Les bergers, selon le cœur de Dieu, sont ceux qui nourrissent les brebis comme Dieu veut et non comme le monde ou la chair aime.

Jean 10 : 11 « Je suis le bon berger. Le bon berger donne sa vie pour ses brebis ».

Le bon berger donne sa vie ou expose sa vie à cause des brebis ; voici la qualité d'un bon berger.

Celui - ci doit toujours être le premier dans le passage pour prendre les présentations de tranquillité, voir s'il n'y a de risque de danger qui peuvent endommager les brebis.

Le Seigneur Jésus - Christ a dit : « Je suis la porte des brebis ».

Le rôle primordial du berger est de nourrir les brebis et les garder sans condition.

D'autres bergers veulent que les brebis donnent leur vie pour eux et qu'elles soient les portes.

D'autres raisons de manque d'intégrité arrivent aux bergers qui veulent seulement être nourris par les brebis et « ceux » qui n'ont pas de moyens sont

déconsidérés.

Malheur à eux !

Nouvelles versions Louis- segond révisée

Jérémie 23 : 3 -4 « Et je   rassemblerai le reste de mes brebis de tous les pays où je les ai chassées ; je les ramènerai dans leur pâturage. Elles seront féconde et se multiplieront ».

Toutes les brebis sont pour un seul maître ; et réellement, elles se multiplieront.

« J'établirai sur elles des pasteurs qui les paîtront ; elles n'auront plus de crainte, plus de terreur. Et il n'en manquera aucune, dit l'Eternel ».

Les pasteurs, selon le cœur de Dieu, se contentent que de paître les brebis quelles que soient les difficultés. Ils ne s'en prennent pas aux brebis, mais parlent à Dieu qui, à son tour, transforme les troupeaux en leur donnant de bonnes qualités, telles que : l'amour, la joie, la paix, la patience, la bonté, la bénignité, la fidélité, la douceur, la tempérance.

Ces qualités ne viennent pas en insultant les brebis ou en les condamnant, mais en faisant l'intercession par la foi et la patience. Ce ne sont pas les brebis qui vous ont engagé pour vous en prendre à tout moment, mais c'est Dieu qui est le Responsable.

Ne regardez pas les hommes ; regardez Dieu.

Lorsque Dieu transforme les cœurs, les fidèles donneront librement, et les choses valides. Donc, tout ne vient que de Dieu.

Tout conducteur spirituel qui pratique la justice et l'équité, Dieu le fera prospérer.

Que cela traîne, mais le fait est là. Dieu le fera prospérer dans la voie qúil voudra lui - même.

« Malheur aux bergers qui se nourrissent eux - même, ils ont un ministère égoïste ; ils sont considérés comme des enfants, or un enfant ne doit pas être responsable de par son esprit d'enfantillage »

Un égoïste ne doit pas être pasteur ou avoir une responsabilité soit spirituelle ou sociale.

Exemple : Pourquoi les enfants pleurent ? Pour qúon satisfasse leurs désirs. Voilà l'esprit des enfants : pas question de raisonner ou de penser aux autres.

Quand dix enfants ont faim, et devant un morceau de pain, chacun pleure pour en avoir à lui seul. Alors, si nous avons un responsable pareil, c'est pour frustrer les brebis.

Quand il faut lutter pour ses désirs, il invente n'importe quoi. Il peut feindre être malade ou créer des problèmes pour avoir des profits. Celui - ci n'est pas un berger selon le cœur de Dieu, mais de tels hommes ne servent point Christ, notre Seigneur ; mais leur propre ventre. Et par des paroles douces et flatteuses, ils séduisent les cœurs simples.

Romains 16 : 17 - 18 : Même si les conducteurs spirituels ont des problèmes avec les chrétiens, ils doivent toujours les aimer et donner leur vie pour les gagner.

Michée 3 : 10 - 11 : « Vous qui bâtissez Sion avec le sang. Et Jérusalem avec l'iniquité !

Ses chefs jugent pour des PRESENTS, ses sacrificateurs enseignent pour un salaire. Et ses prophètes prédisent pour de l'argent. Ne croyez pas que vous pouvez trompez Dieu. Lui ne se trompe jamais et n'oublie aucunement.

Nous ne devons pas enseigner parce qúil y a un salaire. Aussi, un conducteur intègre ne doit pas accepter les PRESENTS pour altérer les lois.

Nous devons d'abord travailler pour le royaume de Dieu et la justice de Dieu ; et les restes viendront par surcroît.

Le Seigneur nous a dit, dans Jean 14 : 2, qúil y a plusieurs demeures dans la maison de Notre Père. Pourquoi nous intéresser de ce qui n'est pas éternel à notre désavantage ? C'est pour la ruine !

Le péché de corruption n'est pas nouveau ; il date de longtemps. Chez Michée, nous voyons comment les chefs jugeaient par présent et les sacrificateurs enseignaient pour un salaire et les prophètes prédisaient pour de l'argent.

L'argent un bon moyen pour avoir tout le matériel de l'évangélisation ; mais Satan l'utilise souvent pour empêcher la vraie évangélisation.

Je donne un avertissement pour tous les serviteurs de Dieu. Si vous êtes pasteurs, il vous demande d'être fidèle aux problèmes d'argent ; et il serait mieux d'avoir un secrétaire et un trésorier. Vous ne devez pas utiliser cette caisse sans justification. Ne gardez pas la caisse du ministère ou de l'église ; ne donne pas cette responsabilité même à ta femme.

J'ai l'exemple d'un grand serviteur de Dieu répondant au nom de Billy Graham ? Son ministère peut avoir des millions des dollars ; mais lui s'est donné un salaire et chaque fin du mois, il s'arrange pour satisfaire tous ses besoins par son salaire. Quand il s'agit des dépenses du Ministère, il le communique à celui qui est chargé de cette œuvre et ainsi on peut faire la balance annuelle d'entrée et sortie.

Beaucoup des pasteurs, quand on leur demande l'utilisation de leur caisse, ils se fâchent directement. C'est parce que ceux - ci ont la caisse eux - mêmes dans leurs poches.

Nous ne devons pas travailler ainsi ; nous ne devons pas être gourmands quoique nous ayions beaucoup de nourriture. Même si votre église a une grande entrée financière, vous ne devez pas vous lancer dans les dépenses inutiles et entrer dans le plaisir du monde. C'est vraiment devenir païen sans accepter ce terme.

Exemple : un pasteur africain qui veut imiter vachement un blanc parce qúil a de l'argent, nous avons notre culture que nous devons protéger (des valeurs et non pas des antivaleurs).

Beaucoup de serviteurs de Dieu ne s'entendent pas à cause de l'argent.

Ainsi, si nous manquons la fidélité sur ce qui concerne l'argent, sachons que notre ministère peut être abîmé complètement.

Il ne faut pas devancer Dieu pour le plan d'argent. Il a promis de rencontrer tous nous besoins.

Plusieurs ministres de Dieu, par manque de fidélité et d'honnêteté, ne peuvent plus prêcher ou conseiller parce qúils savent ce qúils ont fait de mal aux autres.

Même si nous avons l'habitude de prendre des dettes chez les chrétiens, ce n'est pas une bonne habitude. Nous devons attendre Dieu rencontrer nos besoins.

Un fidèle, devant son pasteur, a peur de manifester son mécontentement ; mais dans son cœur, il est très fâché.

Abraham fut un serviteur de Dieu qui ne voulait pas qúune personne prenne la gloire de Dieu. Et il ne voulait pas s'enrichir par des moyens qui ne montrent pas la main de Dieu.

Genèse 14 : 21 - 24 : « Le roi Sodome dit à Abram : Donne-moi les personnes, et prends pour toi les richesses. Abram répondit au roi de Sodome : Je lève la main vers l'Eternel, le Dieu Très - Haut, maître du ciel et de la terre : je ne prendrai rien de tout ce qui est de toi, pas même un fil, ni cordon de soulier, afin que tu ne dises pas : j'ai ENRICHI ABRAM. Rien pour moi.

Abraham savait que c'était Dieu qui était sa SOURCE et non pas un homme...

Considérez Dieu et non autre chose ! Considérez le royaume et non autre chose :

Considérez la justice de Dieu et non autre chose ; et les autres choses viendront par surcroît :

Si tous les serviteurs de Dieu pouvaient avoir la conception d'Abraham concernant la richesse qui provient de l'Eternel, le serviteur intègre n'envierait pas l'autre sachant que la promotion ne vient que de Dieu.

En faisant la ruse ou la corruption, on est contre la volonté de Dieu.

L'essentiel est d'être à la place où Dieu vous veut.

Ďautres serviteurs de Dieu disent qúils vont démissionner à cause des problèmes dus à leur ministère. Et bien, à ceux

- là, si jamais ils me demandent le conseil, je leur dirai tout bonnement d'exécuter leurs souhaits parce qúils ne savent pas ce qúils font et ne savent pas pour qui ils travaillent.

Un bon berger est prêt à donner sa vie pour les brebis. Et le Grand Berger, le Propriétaire, te récompensera sûrement du travail pénible que tu lui as rendu.

Ezéchiel 44 : 14 : « Je leur donnerai la garde de la maison, et ils en feront tout les services et tout ce qui doit s'y faire ». 16 « Ils entreront dans mon sanctuaire, ils s'approcheront de ma table pour me servir, ils seront à mon service ».

C'est Dieu lui - même qui nous a donné la garde de sa maison et rien ne peut nous enlever à la garde parce que c'est lui - même qui nous a appelés à son service.

A cause de tel, je ne puis pas abandonner mon ministère ; mais au contraire, je dois persévérer jusqúà la fin.

Un autre grand problème qui contrecarre beaucoup de ministères est le manque de soumission. Chacun veut qúon se soumette à lui, mais lui tergiverse les ordres de ses supérieurs. Ceci est une péché qui ne se voit pas facilement parce qúon s'attribue toujours raison.

L'Eternel n'accepte pas le fruit de la désobéissance quelle que soit sa valeur.

1 Samuel 15 : 22 - 23 : « Samuel dit : l'Eternel trouve- t- il du plaisir dans les holocaustes et les sacrifices, comme dans l'obéissance à la voix de l'Eternel ? Voici, l'obéissance vaut mieux que les sacrifices, et l'observation de sa parole vaut mieux que la graisse des béliers.

Car la désobéissance est aussi coupable que la divination, et la résistance ne l'est pas moins que l'idolâtrie et le théraphim, puisque tu as rejeté la parole de l'Eternel, il te rejette aussi comme roi.

L'obéissance est un fruit de l'humilité que Dieu accepte et encourage. Celui qui ne sait pas obéir est un désorganisateur et est, par ses œuvres, ennemi de Dieu. Saül a voulu plaire à Dieu dans la désobéissance ; et à sa grande surprise, il fut rejeté.

Je tiens à rappeler tout serviteur de Dieu que sans la foi, il est impossible de plaire à Dieu. Sans la foi, il n'y a pas moyen d'être tout à fait intègre. Sans ceci, on se compromet toute la vie.

Hébreux 11 ; 1,6 « Or la foi est une ferme assurance des choses qúon espère, une démonstration de celles qúon ne voit pas. Or sans la foi il est impossible de lui être agréable ; car il faut que celui qui s'approche de Dieu croie qúil existe et qúil est rémunérateur de ceux qui le cherchent.

Vous voyez comment Dieu est le rémunérateur de celui qui le cherche et non pas un homme ou les hommes. Donc, il faut chercher le rémunérateur et celui - ci pourvoira aux besoins.

Ayant une foi ferme, sachant la valeur de notre trésor, nous dirons comme Romains 8 : 32 nous dit : « Lui, qui n'a point épargné son propre Fis, mais qui l'a livré pour nous tous, comment ne nous donnera- t- il pas aussi toutes choses avec lui ? ».

Tous les serviteurs de Dieu doivent croire qúil y a une récompense pour tout ce qúils font au Nom de Jésus. Ainsi, même devant la mort, on est prêt à servir Dieu.

Je viens sur nos premiers arguments. Ce que nous devons faire, c'est plaire au Seigneur, le chercher, le focaliser ; et lui, il pourvoira. Si vous focalisez la foi aux choses matérielles (cherchez premièrement les choses), il y a un danger, mais notre cœur doit dépendre du Seigneur.

N.B. : Balaam est appelé faux prophète, ce n'est pas dit qúil donnait de fausses prophéties. Non et non. Celui - ci, après avoir reçu l'invitation du Roi Balack, avec la promesse des biens, son cœur n'était plus tranquille. Il est allé consulter l'Eternel pour son départ.

Dieu a dit : « NON, N'Y ALLER PAS ».

Nombres 22 ! 12,17 Quand Balaam pensait concernant la promesse, il était déséquilibré ; et intérieurement, il ne faisait que presser ou demander un OUI à Dieu. Alors, Dieu lui dit de partir tout en étant fâché contre lui.

Balaam était parti seul ; même la pierre d'achoppement que Dieu avait placée sous sa route ne lui a rien dit ; il voyait seulement l'honneur et l'argent. Nombres 22 :32 « ...Voici, je suis sorti pour te résister, car c'est un chemin de perdition qui est devant moi ».

Quand nous partons pour uniquement pour l'argent, notre chemin est pervers devant Dieu.

Dieu ne peut pas changer sa volonté. Quand il dit OUI, c'est éternellement OUI et quand il dit NON, c'est toujours NON.

Non devons satisfaire sa volonté et laisser les désirs charnels. Si vous cherchez le Seigneur, vous serez élevé par Lui - même et non par vos ruses ;

David avait attendu Dieu et II l'a élevé. Ceci vient en cherchant Dieu ; la promotion vient de Dieu en obéissant et en le cherchant, tout en gardant l'humilité.

Nous ne devons pas froisser les brebis pour nos intérêts, mais nous devons les bénir, même si elles ne remplissent pas ce qui est de notre droit.

Nous devons croire en Dieu pour le côté « finance ».

Vous pouvez avoir un ministère avec de dons spirituels florissants, mais quand vous évangélisez pour cause d'argent, sûrement vous l'aurez ; mais Dieu et sa justice manqueront dans votre propre vie et sitôt c'est orgueil. Cependant, nous savons que l'orgueil est le prélude de la chute. Dieu résiste aux orgueilleux !

Vous devez chercher premièrement Dieu et son royaume. Dieu connaît les secrets du cœur dans lequel il y a ces deux décisions : - l'amour des choses

et l'amour des brebis.
Aller partout et faites la volonté de Dieu. Vous devez être récompensés ici bas et au ciel. Et ceci pour ces raisons : - parce que vous êtes élus (choisis) par Dieu,

-vous êtes appelés par vos noms,

-parce que vous êtes intègres (fidèles) Révélation 17 : 14 « ... et les appelés, les élus et les fidèles qui sont avec lui les vaincront aussi «. Laissez tout et suivez- le. Cherchez- le.

Qúest- ce que nous devons abandonner ? Nous devons abandonner tous les désirs et avoir les désirs du Seigneur. Ne soyons pas comme Balaam qui finit mal à cause de ses désirs. Nombres 31 : 8,16.

Si les conducteurs spirituels ne sont pas justes, les fidèles aussi les imiteront ; et quand ceux - ci sont droits, et les fidèles, donc les plus grand nombre, seront droits et justes.

C'est très difficile d'enseigner aux gens les choses que nous ne pratiquons pas.

Exemple : supporter l'évangélisation, dîme, donner, prière, jeûne, sainteté, etc....

Nous devons être des exemplaires, des modèles ; et le peuple sera comme nous.

Quand l'administration spirituelle va avec Dieu, le peuple fera de même. A cause de 10 conducteurs, le peuple juif fit 40 ans dans le désert. Dieu jugera toute l'administration.

Une personne que je connais être responsable, a dit Paul, c'est Timothée ; et les autres cherchent leurs intérêts. Timothée avait suivi le bon exemple de son conducteur et vraiment il a réalisé le souhait de son père spirituel.

2 Timothée 2 : 15 « Efforce- toi de te présenter devant Dieu comme un homme éprouvé, un ouvrier qui n'a point à rougir, qui dispense droitement la parole de la vérité.

Nous devons être éprouvés, être reconnus par Dieu en tant que de bons serviteurs utilisant la parole de Dieu, donc la bible, en toutes circonstances.

Même si cela nous coûterait cher, nous sommes appelés, élus et fidèles.

Nous devons triompher et non défaillir ou succomber dans le mal...

Le Seigneur Jésus - Christ est le seul fondateur, l'unique.

Le vrai conducteur doit dépendre de Jésus - Christ.

Voyons la différence ente le bon berger et le mauvais : Le bon berger nourrit les brebis ! Le mauvais frustre les brebis. Jean 10 :13 (Le bon berger donne sa vie pour les brebis). Le mercenaire s'enfuit, parce qúil est mercenaire, et qúil ne se met point en peine des brebis. Je suis le bon berger.

Le mauvais est seulement là pour le présent, le salaire, l'argent, frustre les brebis et ne prend pas soin d'elles ; celui - ci est comme Balaam. Jérémie 5 ; 31 12 :10-11

Un bon berger doit dire comme Pierre devant la corruption : « Que ton argent périsse avec toi, ... » Le sacrifice est un élément indispensable que nous devons réaliser en suivant le Seigneur.

Moïse, sans avoir fait un sacrifice, ne pouvait pas abandonner le palais royal pour aller souffrir avec le peuple de Dieu. C'est un acte de foi, croyant que Dieu lui fera plus que ce qúil avait.

La Bible nous dit comment l'autres Moïse s'est moqué de la réjouissance ; il refusa lui - même le trésor d'Egypte. Il voulut la volonté de Dieu plus que toute autre chose.

Un conducteur spirituel doit marcher par la foi dans toutes les circonstances. Il doit croire au comptable que Dieu donnera à ceux qui laisseront tout. Il doit avoir la foi d'aller sur le lieu que Dieu avait dit ou ordonné.

Dieu a un plan déterminé pour tous ses serviteurs. Tu peux te demander pourquoi Dieu n'a pas fait prospérer Elie comme il l'a fait chez Job. Elie avait tous ses besoins et était content de voir le miracle de Dieu pour sa survie. C'est dur, mais merveilleux de vivre par la foi !

Beaucoup de gens peuvent vouloir voir des miracles, mais l'erreur en est qu'ils ne sont pas patients. Ils veulent les miracles d'Elie, mais refusent l'expérience d'Elie. Cela ne peut pas marcher. Elie avait tous ses besoins ; il était satisfait. Et ce sont les autres qui lui demandaient les biens terrestres. Même cas pour Elisée et pour tous les serviteurs de Dieu intègres.

Elie et Elisée, malgré leur situation, savaient qu'ils avaient tout. Et cette croyance, parce qu'ils étaient à tout moment en présence complète du Seigneur. Leurs pensées, leurs désirs, leurs cœurs, c'était le Seigneur qui les dominait. Gloire à Dieu ! Ils voulaient toujours sa volonté et non les désirs des choses.

Si nous, les conducteurs, nous voulons avoir Dieu en abondance, nous devons renoncer à nos caprices et accomplir parfaitement sa volonté. Exemple : Etre prêt a Pardonner à toute circonstance ; mettre Dieu à la première place et non les choses : changer la manière de concevoir le monde ; avoir les pensées d'en haut et non d'en bas.

Pourquoi un serviteur de Dieu peut abîmer son mariage à cause de ses caprices ? Comment celui - ci oserait dire qu'il est dominé par le Seigneur ? Non et non ! Il est dominé par ses caprices. Il est vraiment des cas rares, surtout dans les pays développés où les femmes chassent leurs maris. Elles se contentent seulement du matériel. Malheur a ses femmes parce qu'elles attirent la colère de Dieu.

L'administration spirituelle signifie représenter Jésus - Christ, celui qui a la clé du séjour des morts et de la mort.

Le problème qui fait beaucoup de confusions est que plusieurs gens aiment les conducteurs de leurs désirs et non celui qui fait la volonté de Dieu. Jérémie 5 : 31

Esaïe 24 : 2.
La persécution ne doit pas arrêter la volonté de Dieu.
Donc, nous n'avons pas d'arguments acceptables de ne pas accomplir la volonté de Dieu.

Pierre et Jean, dans la terreur, ont répondu : « Jugez s'il est juste devant Dieu, de vous obéir plutôt qúà Dieu ; car nous ne pouvons pas ne pas parler de ce que nous avons vu et entendu ». Actes 4 : 19

Dans la leçon précédente, nous avons pu distinguer ou différencier le mauvais berger du bon berger ; et effectivement, ce dernier a un visé qúil ne peut pas égarer Dieu et le royaume.

Paul, après avoir fait un bon combat, a déclaré, 2 Timothée 4 : 6 - 8 « Car pour moi, je sers déjà de libation, et le moment de mon départ approche.

J'ai combattu le bon combat, j'ai achevé la course, j'ai gardé la foi.

Désormais, la couronne de justice m'est réservé ; le Seigneur, le juste juge, me la donnera dans ce jour - là, et non seulement à moi, mais encore à tous ceux qui auront aimé son avènement.

Méditons sur les 5 points :

1. **Bon combat**

2. **Achever la course**

3. **Garder la foi**

4. **Couronne de justice**

5. Aimer son avènement.

Quand nous suivons Jésus - Christ, nous abandonnons tout pour le suivre. Nous commençons avec rien et Dieu nous utilise tels que nous sommes. Il sait comment enlever de l'eau dans le désert.

Qúest- ce que Moïse avait quand il allait délivrer son peuple en Egypte ? En effet, Moïse n'avait qúun bâton ; c'est un peu étrange ! Les autres partent avec des bataillons armés jusqúaux dents, mais Moïse n'avait qúun stick. Donc, devant Pharaon, il n'avait que la parole de Dieu et un bâton en main.

L'Eternel lui avait demandé : « Qúas- tu dans la main » ?

Et la réponse était : « Le bâton ».

Le bâton que Moïse touchait et connaissait, fit pour lui quelque chose de dangereux quand Dieu l'a utilisé.

Moïse, par l'ordre de Dieu ; a jeté le bâton qui s'est transformé en serpent. Quel merveilleux Dieu nous avons : Un Dieu de Miracle : Un Dieu créateur ! Louons- le !

Esaïe 40 : 10 - 11 « Voici, le Seigneur, l'Eternel vient avec puissance, et de son bras il commande ; voici, le salaire est avec lui, et les rétributions le précèdent.

Comme un berger, il paîtra son troupeau. Il prendra les agneaux dans ses bras, et les portera dans son sein. Il conduira les brebis qui allaitent ».

Gloire à Dieu ! Il vient avec le salaire et les rétributions pour les serviteurs intègres. Il ne faut pas écouter à la fois la voix de Dieu et celle de l'homme. En toute opération, la voix de Dieu doit être privilégiée.

Comment disséquer la voix de la chair ou de l'homme à celle de Dieu ? La voix de l'homme ou de la chair cherche la facilité, l'intérêt personnel, la satisfaction de différents désirs ; mais celle de Dieu nous ramène toujours à sa parole ou à sa volonté ; elle présente partout l'amour du prochain, la sainteté et le rejet de soi - même.

Nous, nous sommes le temple de Dieu vivant et ce temple doit contenir seulement les biens de Dieu, la volonté de Dieu. L'esprit de Dieu habite en nous ; et si quelqúun en abuse ou détruit ce temple, Dieu le détruira...

Que ça soit une personne ou de millions, il s'agit toujours du temple de Dieu.

Bien de ministres utilisent la démagogie dans le temple de Dieu et se plaisent d'avoir des butins. Cependant, qúils sachent que celui qui détruit le temple de Dieu, Dieu le détruira. 1Corinthiens 3 : 16 - 17.

J'ai bien de témoignages des Serviteurs de Dieu qui ont abusé de l'Eglise et qui ont été détruite par le Seigneur. Ďautres parviennent même à mourir prématurément. A ceux - ci, (ces corrupteurs) Dieu leur amène une puissance d'égarement.

Les conducteurs qui utilisent le mensonge pour avoir les choses ou pour avoir des chrétiens, Dieu leur enverra une puissance d'égarement pour qúils croient au mensonge, afin que tous ceux qui n'ont pas cru à la vérité, mais qui ont pris plaisir à l'injustice, soient condamnés. 2 Thessaloniciens 2 : 11 - 12

Une personne pareille peut avoir beaucoup de choses terrestres et aussi certaines sensations qúil ira au ciel : tout ceci, c'est dans cette puissance de perdition.

Les miracles peuvent abonder dans son ministère, mais c'est un vrai gibier de potence.

N'utilisez jamais le mensonge et n'ayez pas l'idée d'exploiter.

N.B. : Les uns prêchent l'évangile parce qu'ils peuvent avoir des soutiens ; les autres parce qu'ils peuvent avoir le moyen de vivre et les autres parce qu'ils peuvent avoir des fanatiques ; mais nous devons prêcher l'évangile en RENONCANT A TOUT ET EN PORTANT LA CROIX.

...Nous, nous devons enrichir les autres, ... nous cherchons d'abord le royaume et la justice de Dieu. (2 Corinthiens 4 : 1 - 18 : à lire et à méditer) et les autres viendront par surcroît.

Si nous cherchons les choses en premier lieu, nous les aurons ; et alors, nous ne trouverons jamais le royaume, car le royaume est cherché en premier lieu et non en deuxième lieu.

Donc, avec toutes ces choses, il reste seulement la perdition.

Changeons de conception et confirmons d'avoir reçu premièrement le royaume. Vous devez savoir pourquoi vous - même vous prêchez l'évangile.

En observant le grand succès des Serviteurs de Dieu et leur commencement, vous verrez comment Dieu finit toujours par élever ; mais, nous - mêmes, avec nos caprices, nous abîmons tout.

Observons la vie d'Abraham ; Joseph, fils de Jacob, Moïse, Samuel.

Les fils d'Elie, le sacrificateur, furent rejetés à cause des désirs des convoitises de la concupiscence, à cause du plaisir du monde.

Les fils de Samuel furent rejetés à cause d'avoir aimé la corruption et la cupidité. Ils recevaient les présents et violaient la justice. 1 Samuel 8 : 3 - 5

Observez encore la vie de DAVID et de JESUS. ALLELUA

En suivant la même voie, comme ces patriarches, sûrement vous serez couronnés des succès.

Croyez- vous que Dieu accomplira la vision du Service de l'Evangélisation Internationale ?

1. **Evangélisation publique ;**

2. **Evangélisation individuelle ;**

3. **Séminaires ;**

4. **Formation des Serviteurs de Dieu en 9 mois**

5. **Envoyez les missionnaires**

6. **Encadrement des Serviteurs de Dieu.**

Si vous voulez contribuer dans cette œuvre, n'hésitez pas de nous contacter dans notre adresse email : csolidarity@ yahoo.fr   Nous sommes prêts à répondre à toutes vos questions.

Ceux qui prêchent pour leur gloire, leur désir, pour avoir des honneurs, sont appelés à se repentir et qu'ils visent Dieu et son royaume.

Les 12 disciples de Jésus - Christ n'ont pas associé le ministère avec une autre activité compromettant pour gagner leur vie.

Dieu pourvoyait à leurs besoins. Ils ont laissé tout pour servir le Seigneur ; et Judas qui voulait à tout prix de l'argent, fut péri avec son argent.

« Car nous ne falsifions point la parole de Dieu, comme font plusieurs ; mais c'est avec sincérité, mais c'est de la part de Dieu que nous parlons en Christ devant Dieu «.2 Corinthiens 2 : 17.

Rappelons- nous que si nous détruisons le temple de Dieu, il nous détruira.

Nous nourrissons l'Eglise de Dieu : il prend soin de nous. Aimons l'Eglise au milieu des souffrances ou des persécutions et lui prendra soin de nous.

Paul, à cause des révélations qúil a eues, il lui a été mis une écharde (aiguille) dans la chair ; un ange de Satan pour lui souffleter et l'empêcher de s'enorgueillir.

Trois fois, il a demandé à Dieu d'enlever en lui cette écharde qui était, non pas une maladie, comme les autres croient, mais les outrages, les calamités, les persécutions, les détresses ; et Dieu lui a répondu : « MA GRACE TE SUFFIT... ».

2 Corinthiens 12 : 7 - 10. Disons ensemble : « La grâce de Dieu me suffit ».

Trop de révélations, trop d'onctions, trop de puissances spirituelles ne vous laisserons en paix.

Le faux vous persécutera et vous troublera partout, mais la grâce de Dieu vous suffit amplement.

LE TROUPEAU APPARTIENT A DIEU

Psaume 100 : 3 « Sachez que l'Eternel est Dieu !

C'est lui qui nous a faits, et nous lui appartenons ;

Nous sommes son peuple, et le troupeau de son pâturage ».

Le troupeau appartient à Dieu et non pas à une communauté. La communauté doit enseigner au troupeau la volonté de Dieu et non pas les divisions.

La communauté doit enseigner au troupeau d'avoir une unité et l'amour avec d'autres chrétiens qui ne sont pas dans une même dénomination.

Le vrai berger ne peut pas refuser aux brebis de manger la bonne nourriture.

Le pasteur, dans son rôle de garder, doit montrer les dangers qui se trouvent dans les autres communautés qui n'enseignent pas toutes les vérités bibliques.

Un bon Serviteur de Dieu doit seulement être un homme de prière. Il doit se donner à la lecture de la bible, la méditation de la parole ; et sûrement, Dieu l'utilisera ; et le troupeau le suivra partout où il a des réunions spirituelles. Mais quand celui - ci se donne au plaisir du monde, le troupeau cherchera où il sera alimenté.

Donc, nous revenons toujours au premier conseil : il faut seulement chercher Dieu et sa justice et les « restes » viendront par surcroît.

Serviteurs de Dieu, ne vous disputez pas à cause des fidèles. Par contre, luttez acharnement contre Satan pour que les chrétiens ne soient pas retro grades et qúils ne tombent pas.

Prions pour qúils puissent grandir et servir, à leur tour, le Seigneur.

Ezéchiel 34 : 23 « J'établirai sur elles un seul pasteur, qui la fera paître, mon serviteur David ; il les fera paître, il sera leur pasteur »

Nous devons reconnaître le plan de Dieu concernant le troupeau et agir en conséquence. Nous les conducteurs, nous devons savoir que le troupeau appartient à Dieu et non pas le nôtre. Lorsque le troupeau connaîtra la volonté de Dieu et l'accomplir, il verra sûrement que Dieu est avec lui. Ezéchiel 34 : 30 - 31 « Et elles sauront que moi, l'Eternel, leur Dieu, je suis avec elles, et qúelles sont mon peuple, elles, la maison d'Israël, dit le Seigneur, l'Eternel. Vous, mes brebis, brebis de mon pâturage, vous êtes des hommes ; moi, je suis votre Dieu, dit le Seigneur, l'Eternel ».

C'est vraiment le plan de Dieu à ce que les brebis connaissent qúelles appartiennent à Dieu.

Ne faisons pas croire aux brebis qúelles nous appartiennent. Elles appartiennent à Dieu et sont dans son pâturage.

Les Serviteurs qui amènent de divisions dans le troupeau de Dieu doivent savoir qúils auront un lourd jugement. C'est le cas qui est arrivé à Corinthe, 1 Cor, 3 : 3 - 9. Les uns s'identifiaient à Apollos, d'autres de Paul ; alors que tous étaient seulement des ouvriers ou serviteurs par les moyens desquels ils ont cru, selon que le Seigneur a donné à chacun.

Paul a dit dans le 1Cor 3, verset 3, que de tels hommes qui marchent selon le monde sont charnels. Nous, nous devons être identifiés à Jésus et marcher selon l'esprit. Jean 10 : 16 « J'ai encore d'autres brebis, qui ne sont pas de cette bergerie ; il faut que je les amène ; elles entendront ma voix, et il y aura un seul troupeau, un seul berger »

C'est le berger principal, le propriétaire qui amène les brebis dans sa bergerie. Qu'il amène deux ou mille, pourquoi se lamenter ou se vanter ? D'ailleurs, celui qui garde le moins devait être satisfait parce que sa charge est petite et il peut s'en occuper soigneusement.

Je pose la question aux Pasteurs :

Pourquoi vous tous aimez avoir beaucoup de chrétiens, même si la dizaine que vous avez, vous n'êtes pas capables de les aider ?

Je n'en disconviens pas. Moi également, je préfère avoir de milliers de chrétiens. C'est vraiment très bien. Mais, l'idée, si elle est mauvaise, la suite sera de même.

Si vous voulez avoir beaucoup de chrétiens pour vous enrichir, sachez que votre place n'est pas dans la bergerie de Dieu.

La vraie promotion ne vient que de Dieu ; la vraie richesse ne vient que d'en haut.

Gloire à Dieu !

Les deux rôles importants que doivent avoir les conducteurs, c'est de paître les agneaux de Dieu et être les bergers de ses brebis. Jean 21 : 15 - 17.

La bonne qualité d'un conducteur spirituel s'ajoute dans 1 Pierre 5 : 2 - 5 : « Paissez le troupeau de Dieu qui est sous votre garde, non pas pour gain sordide, mais avec dévouement ; non comme dominant sur ceux qui vous sont échus en partage, MAIS EN ETAT LES MODELES du troupeau.

Et lorsque le souverain PASTEUR paraîtra, vous obtiendrez la couronne INCORRUPTIBLE DE LA GLOIRE. De même, vous qui êtes jeunes, soyez soumis aux anciens. Et tous vos rapports mutuels, revêtez- vous d'humilité ; car Dieu résiste aux orgueilleux, mais il fait grâce aux humbles ».

Méditons sur ces versets, depuis le 1er jusqu'au 5ème, pour vouloir saisir la portée de chaque contexte. Revenons sur le problème qui s'est passé dans le Nouveau Testament entre les brebis elles - mêmes, 1 Corinthiens 3 : 1 - 11, 14 et étudions-le comme nous l'avons fait dans 1 Pierre 5 : 2 - 5.

Les problèmes des Pasteurs entre eux ne doivent pas être communiqués aux brebis, mais il faut leur donner une bonne nourriture.

Nous devons donner au troupeau la nourriture que le souverain Pasteur veut et non pas leur donner du poison (ce qui n'est pas la parole), leur mettre de la haine, de discrimination, ... Tout ceci c'est un poison qui tue doucement, mais sûrement.

De nouveau, c'est détruire le temple de Dieu... 1 Corinthiens 3 : 16 - 17.

Certains conducteurs appellent les chrétiens de leur choix saints alors qúils sont des diables et les croyants font de même, poussés par l'esprit du fanatisme.

Dans une église spirituelle, lorsqúon commence un régime charnel, on appelle de ce fait les divisions.

Le troupeau doit porter la marque de Christ et pas d'une autre personne.

Galates 6 : 17 montre comment Paul ne voulait pas une autre marque ou une autre tradition, mais Christ en tout. « Que personne désormais ne me fasse de la peine, car je porte sur mon corps les marques de Jésus ».

Un parent, quand il devient fou, ses plus petits enfants n'ont aucune amertume ; mais au contraire, ils imitent, en riant, les gestes de ce parent ; mais les grands ne veulent même pas le voir entouré des gens.

C'est ainsi avec les conducteurs charnels et leurs membres. Les charnels ne remarquent rien et imitent toutes les sottises, tandis que les spirituels sont humiliés et ne veulent pas que les autres gens écoutent et voient ces frénésies (brutalité, sauvagerie).

Vraiment, soyons honnêtes devant Dieu et devant les hommes. Si notre voie était ou est mauvaise, recherchons le Seigneur et demandons pardon.

Catholiques, Baptistes, Méthodistes, Pentecôtistes qui sont nés de nouveau ont tous la même vie, le même Saint - Esprit, le même Père ; mais en connaissant la vérité, ils doivent s'écarter de toutes relations avec les mauvaises choses qui sont abominables devant Dieu ; ils doivent être saints et se réunir avec des personnes saintes. « Otez le méchant du milieu de vous ».

Je conseille à tout le monde de lire soigneusement 1 Corinthiens 5 : 9 - 13.

Ceux qui accomplissent la volonté de Dieu doivent se sentir heureux malgré leur situation. Jérémie 30 : 16 - 17 « Cependant, tous ceux qui te dévorent seront dévorés, et tous les ennemis, tous, iront en captivité ; ceux qui te dépouillent seront dépouillés, et j'abandonnerai au pillage tous ceux qui te pillent.

Mais je te guérirai, je penserai tes plaies.

Dit l'Eternel. Car ils t'appellent la repoussée, cette Sion dont nul ne prend souci »

Gloire à Dieu   Alléluia ! www.rhemaSei.ning.com   www. csolidarity.multiply.com   www.chrisolidarity.ning.com